Gregor Maria Hoff
Die neuen Atheismen

**topos** taschenbücher, Band 671

Gregor Maria Hoff

# Die neuen Atheismen

*Eine notwendige Provokation*

**topos** taschenbücher

**Verlagsgemeinschaft topos plus**
Butzon & Bercker, Kevelaer
Don Bosco, München
Echter, Würzburg
Lahn-Verlag, Kevelaer
Matthias-Grünewald-Verlag, Ostfildern
Paulusverlag, Freiburg (Schweiz)
Friedrich Pustet, Regensburg
Tyrolia, Innsbruck

Bibliografische Information der Deutschen Nationalbibliothek
Die Deutsche Nationalbibliothek verzeichnet diese Publikation in der
Deutschen Nationalbibliografie; detaillierte bibliografische Daten
sind im Internet über http://dnb.d-nb.de abrufbar.


2009 Verlagsgemeinschaft **topos** plus, Kevelaer
Das © und die inhaltliche Verantwortung liegen beim
Verlag Friedrich Pustet, Regensburg

Einband- und Reihengestaltung | Finken & Bumiller, Stuttgart
Umschlagabbildung | aboutpixel: ELLYderOLCH
Herstellung | Pustet, Regensburg
Printed in Germany


Topos ISBN: 978-3-8367-0671-1
www.toposplus.de

Für
Edith Weyermann

# Vorwort

Die Auseinandersetzung mit aktuellen Formaten von Religionskritik gehört zum fundamentaltheologischen Kerngeschäft. Sie hat mich als Religionslehrer immer wieder herausgefordert und engagiert mich seit dem Beginn meiner universitären Lehrtätigkeit in besonderer Weise. Das Interesse an den so genannten „neuen Atheismen" geht auf die Planungsphase eines Symposions zurück, das ich gemeinsam mit meinem Salzburger Kollegen Hans-Joachim Sander im November 2006 in Salzburg unter dem Titel „Die neuen Atheismen. Eine notwendige Konfrontation in religiös veränderter Zeit" veranstaltet habe. Die Bestimmung dessen, was wirklich neu auf einem sich verändernden Diskursfeld auftritt, hat mich seitdem zunehmend beschäftigt. Gerade die religionskritischen, zumal die dezidiert atheistischen Anfragen und Angriffe lassen sich theologisch als eine notwendige Provokation bestimmen, weil sie das Problemniveau heute möglicher Rede von Gott angeben.

In verschiedenen Vorlesungen und auf Tagungen bin ich der damit verbundenen theologischen Herausforderung seitdem nachgegangen. Am Schnittfeld theoretischer Auseinandersetzungen und ihrer praktischen Relevanz ist dieses Buch entstanden. Es ist als Einführung konzipiert, die – im Zuge exemplarischer Analysen und signifikanter Modelle – erste Orientierung in einer zunehmend unübersichtlichen theoretischen Landschaft bieten soll. Als theologische Problemanzeige steht sie in einem sachlichen Zusammenhang mit dem Band zur „Religionskritik heute" (2004) und weist auf ein Projekt hin, das – im Rahmen der Arbeit des *Kardinal König Instituts. Forum für Glaubende und Nichtglaubende* – die umfassende Aufarbeitung der religionskritischen Diskurse der Gegenwart anzielt.

Dieses Buch gehört aber auch in einen persönlichen Kontext. Meine ehemalige Fachleiterin, Studiendirektorin Edith

Weyermann, hat mich immer wieder angestachelt, dieses Buch zu schreiben. Ihr ist es gewidmet – als ein kleiner Dank für eine Begleitung durch inzwischen schon viele Lebensjahre. Am Ende gilt mein herzlicher Dank auch Hendrik Rungelrath, der das Manuskript kritisch gelesen und korrigiert hat.

*Gregor Maria Hoff*                    *Salzburg, 1. Oktober 2008*

# Inhalt

# Einleitung

Inzwischen kann man es endgültig wissen: Die Vernunft ver-
kümmert im Exil.[1] Jedenfalls dort, wo sie religiös beansprucht
wird. Sam Harris hat das Urteil in seinem Bestseller über den
Zusammenhang von „Religion, Terror und das Licht der Vernunft" gesprochen, Richard Dawkins in seinem gleichfalls
top gelisteten „Gotteswahn" vollstreckt.[2] Zuvor schon hatte
Michel Onfray sein atheistisches Vademecum mit dem dia-
gnostischen Kernsatz veröffentlicht: „Der Atheismus ist keine Therapie, aber er steht für eine zurückgewonnene geistige
Gesundheit."[3] Ihm folgten die Sloterdijks, die ihren atheistischen Zorn am Gotteseifer der Gläubigen entzündeten.[4] Eine
gute Zeit für einen neuen Büchermarkt also. Ein Diskurs mit
Expansionsqualitäten – das große Darwin-Jahr 2009 wartet im
Hintergrund. Man bereitet die Öffentlichkeit auf das „Ende
des Glaubens" vor.[5]

Angesichts der religionspolitischen Auftritte, mit denen sich das 21. Jahrhundert einen Namen machte, werden
„Gottesgutachten" erstellt.[6] Nicht zuletzt im hohen Ton einer
kalkulierten Aufregung über die Brisanz unserer zeitge-
schichtlichen Lagebesprechungen treffen sich, unterschiedlich genug, die neuen atheistischen Religionskritiker und ihre
religiösen Widersacher. „Die Notwendigkeit einer neuen Aufklärung" setzt Christopher Hitchens in seiner Studie zur *Reli-
gionsvergiftung* der Gegenwart als Fazit auf seine atheistische
Agenda[7], und man ist versucht, ihm ein anonymes Zitat Benedikts XVI. nachzuweisen. Dessen Plädoyers für die Koalition
von Glaube und Vernunft suchen dem Gottesverzicht einen
grundlegenden Mangel an reflexiver Rationalität nachzuweisen.[8] Sonderbare Allianzen entstehen dabei. Die Koalitionäre
vereint die Sorge um den totalitären Gestus der Religionen
und ihren gewaltförmigen Eskapismus. Dabei treten sie vereint gegeneinander an.[9] Vielleicht weil im Spiegel des ent-
schlossenen Gegenübers jener skeptische Blick lauert, der ein

Wahrheitsmoment im fremden Blick auf die eigene Diagnose nahe legen könnte? Was, wenn der Einfallsreichtum der so genannten „neuen Atheismen"[10] eine unverzichtbare theologische Signifikanz besäße? Was, wenn der verworfene Glaube der Religionen dazu ermächtigte, die religionsförmigen Credos ihrer Kritiker aufzudecken? Und was, schlimmer noch, wenn sich Spurenelemente interpretatorischer Gewalt in den wechselseitigen Beanspruchungen fänden?

In seiner „Theorie religiöser Dispersion" hat Hans-Joachim Höhn die ambivalente Überschneidung postsäkularer und postreligiöser Welten in Anschlag gebracht.[11] Vielleicht wird ihr prekärer Zusammenhang am deutlichsten, wo sich Gläubige gegen blasphemische Anwürfe wehren und sich im Gegenzug die Vehemenz des religionskritischen Einspruchs in heiligen Zorn verwandelt.[12] In beiden Fällen assimiliert man sich dem fremden Gedanken. Der Glaube wütet gegen eine säkulare Erschütterung an, die ihn nur treffen kann, wenn er sich seinen Gott vom entstellenden Blick auf das Heilige radikal profanieren lässt.[13] Umgekehrt fährt der Furor der Kritik gegen einen Feind aus, der eher zu therapieren wäre, aber im affektiven Aufwand als eigentlicher Gegner aus den Ruinen seiner Wahnvorstellungen oder Illusionen aufersteht. In beiden Fällen treten Wahlverwandtschaften auf. Sie zeigen die Reaktion einer besonderen Chemie der Gefühle. Denn sie belegen, wie sehr sich vermeintlich getrennte Weltauffassungen miteinander verschränken. Was gesellschaftlich gilt, das Zugleich von Säkularreligiösem und Religiössäkularem, macht sich auch im Streit der A/Theismen um den rechten Gebrauch der Vernunft bemerkbar.[14] Und so behält Wolfgang Sofsky Recht: „Die Kritik der Religion ist mitnichten abgeschlossen."[15] Nur gilt sie wechselseitig. Sie setzt schon bei der Frage danach ein, wo solche Kritik anzusetzen hat.[16]

Gar so selbstverständlich erscheint nämlich die „Rückkehr der Religionen" als politischer Anlass nicht.[17] Ganz sicher ist die neue Aufmerksamkeit für die Religionen im politischen Zusammenhang von 9/11 zu sehen, damit aber auch Aspekt einer medialen Erregung. Das öffentliche Sterben Johannes Pauls II. ist ein anderer Aspekt der neuen Dramen postsäkularer „public religions".[18] Religion am Beginn des 21. Jahrhunderts steht im Zeichen von Event-Kulturen und zugleich von kulturellen Entfremdungsprozessen – der Streit um das Kirchenfenster von Gerhard Richter im Kölner Dom liefert dafür exemplarisches Anschauungsmaterial, weil sich hier die Fremdheit von Wahrnehmungsformen manifestiert. Nicht zuletzt im Zeichen von religionspolitischen Konflikten erscheint Religion als Identitätsmarker gefährlich[19], bewahrt aber zugleich etwas Unverzichtbares. Jürgen Habermas entdeckt es im „Bewußtsein der postsäkularen Gesellschaft für das Unabgegoltene in den religiösen Menschheitsüberlieferungen"[20]. Eingedenk der ethischen Kraft von Religionen, ihrer „motivierenden Kraft"[21], kann sich die säkulare Vernunft über ihre eigenen Bruchstellen aufklären und dem „Bewußtsein für das, was fehlt"[22], einen zivilisatorischen Ort zuweisen.[23] Trotzdem bleibt hier ein Graben, den der Philosoph Habermas nicht überbrücken kann:

> „Der Glaube behält für das Wissen etwas Opakes, das weder verleugnet noch bloß hingenommen werden darf."[24]

Man kann das kulturhistorisch übersetzen. Die beschworene „Wiederkehr der Götter"[25] amalgamiert mit ihrem Aussterben, zumindest aber ihrer Verwandlung in profan eingeebnete Ersatzmuster einer religionshistorischen Wanderausstellung. Ist vielleicht doch das Geld der letzte Gott der Moderne?[26] Spielen sich in unseren Sportarenen die modernen martyrologischen Schaustücke ab? Woran glaubt, wer auf den Sieg seiner Fußballgötter hofft? Und was bedeutet es dann, ein Atheist zu sein? Die notwendige Konsequenz eines thorapflichtigen Theismus etwa?

Die Ambivalenzen der Moderne betreffen von daher auch ihren religiösen Status. So muss man fragen, gegen wen sich die verschiedenen Atheismen genau wenden.[27] Gegen die – vermeintlichen – Aufklärungsresistenzen der Religion? Kann das religiöse Moment überhaupt anders als bestimmt von Nebenmotiven, undurchdringlichen Absichten, verborgenen Zwängen und in rational nicht mehr auflösbaren, lebensweltlich getragenen Interpretationseinstellungen evaluiert werden? Und gilt das nicht, ohne daraus bereits ein konterkritisches Argument in theologischer Absicht schlagen zu wollen, auch für jede Fassung ihrer unzähligen Anklageschriften? Der „Streit um Gott"[28] ist von daher zugleich als Streit um die Vernünftigkeit der Vernunft entfesselt.

Kaum anders als im Modus einer kulturellen Verwirrung wird die Auseinandersetzung um die „neuen Atheismen" ansetzen können. Deren eigene Sicherheit macht sie nur umso interessanter für einen durchgreifenden theoretischen Zweifel, der sich an ihren Argumentationsformen entzündet, um ihn zugleich theologisch einzusetzen. Wer im Schatten und wer im Licht der Aufklärung segelt, steht dabei nicht vorab fest.

Das vorliegende Buch greift Verschiebungen im religionskritischen Gelände der Gegenwart auf. Die These, dass sich Religionskritik als Distanzierung religiöser Überzeugungen und Lebensformen zumal pragmatisch vollzieht, behält ihr Recht.[29] Gleichzeitig verlangt der entstandene Markt neuer Atheismen nach kritischer Durchmusterung der aufgelegten Argumente wie ihrer gesellschaftlichen Bedeutung.

## 2. Literarische Interventionen – atheistische Abblendungen

Nicht nur intellektuell, auch atmosphärisch gibt Literatur Auskunft über ihre Gegenwart. Eindeutiges ist dabei nicht zu erwarten. Die Codierung unabschaffbarer Ambiguitäten steht dem entgegen. Die Bearbeitung der vielen Welten, mit denen die Konstruktionsformen der Wirklichkeit zur Debatte stehen: in perspektivischen Versuchsanordnungen, in Experimenten mit narrativen Formaten – sie transportieren das Interesse an der Mehrdeutigkeit, Labilität und Offenheit unserer

Weltzugänge. Verschiedene Titel sprechen das bereits aus. Von Peter Handkes Journal „Das Gewicht der Welt"[30] oder Christoph Ransmayrs Roman „Die letzte Welt"[31] über den „Weltensammler"[32] von Ilja Trojanow bis zur „Vermessung der Welt"[33] Daniel Kehlmanns und weit darüber hinaus eröffnen sich Welträume, die in Parallelwelten unserer empirisch zugänglichen, vermeintlich geschlossenen Realität durchstoßen. Literatur schafft Welt und bestreitet sie als Text zugleich, damit aber auch jenen systemischen Abschluss der Geschichte, den Theodor W. Adorno als Ausdruck erstarrter Totalität ästhetisch und politisch gleichermaßen kennzeichnete.[34]

Die zweiten Welten unserer Vorstellungskraft kartieren die Macht der Fiktionen so, dass sie sich in der Nähe eines alternativen Weltzugangs wiederfinden. Das literarische Spiel mit der Realität legt nahe, im kreativen Prozess der Weltschöpfung auch die Wirklichkeit eines Gottes als Aspekt der eigenen Imaginationsressourcen aufzunehmen. Gott tritt als Aspekt des Spiels auf, als unausgeschöpftes Motiv, als Problemchiffre, als formales Substitut eines unmöglichen Blicks auf die Welt, von dem Literatur immer wieder lebt.

Qua Fiktion erschließt Literatur ein Feld offener Fragen der Gottesbestimmung jeder Gegenwart.[35] Insofern bleibt bemerkenswert, wie sich zeitverwandt mit den neuen Atheismen des begonnen Jahrhunderts auch literarische Interventionen auf den religiösen Stand der Dinge beziehen. Wie Gottesbezüge hergestellt werden – verdeckt, ironisch anverwandelt, offen ausgesprochen, skeptisch arrangiert – gibt Hinweise auf die religiöse Selbstverständigung dieser Zeit und ihre kulturellen Ausdrucksmöglichkeiten.

## 2.1 Paul Auster oder die Macht des Zufalls

Die Spiele des Zufalls bestimmen die Romane Paul Austers. Er verwickelt seine Figuren in Ereignisse, die keinen Sinn haben und zugleich eigene Bedeutungsräume erschließen. *Einerseits* schaffen seine Texte einen hermetischen Kosmos der fingierten Welten, in denen sich die Protagonisten Wendung um Wendung tiefer einschließen. Die Gegenwelt der Fiktion erlaubt das Leben in unglaublichen Konstellationen. Sie könnten den Eindruck vermitteln, ein transzendenter Geschichtenerzähler treibe sein absurdes und zugleich bedeutungsvolles Spiel mit den Menschen. Gerade so wird die Welt, die im Lesen entsteht, als Produkt der Phantasie gekennzeichnet. *Andererseits* überschreitet Auster als Autor diese Welt, selbst Teil seiner Erzählungen, indem er immer wieder darauf hinweist, es handle sich um „wahre Geschichten", um die nachträgliche Bestätigung seiner Erfindungen, die eine noch unwahrscheinlichere Wirklichkeit überholt. „Das rote Notizbuch", eine Sammlung von autobiographisch ausgewiesenen und zugleich literarisch bearbeiteten Stories, macht es unmöglich zu unterscheiden, wo sich die Erfindung und das Gefundene schneiden.[36] Im Roman „Nacht des Orakels" tritt ein Mann namens Orlovsky auf.[37] In einem Interview mit dem niederländischen Fernsehen hat Auster von den sonderbaren Umständen berichtet, die es mit seinem Buch und diesem Namen auf sich hat. Nach dem Erscheinen des Romans interviewte ihn ein Journalist, dessen Großvater ausgerechnet jener Orlovsky war, den der Autor rein zufällig aus einem Warschauer Telefonbuch gezaubert und zum Großvater seines Helden gemacht hatte. Es handelt sich um eine jener *Musiken des Zufalls* (mit einem seiner weiteren Romantitel[38]), aus denen Auster das kompositorische Material für seine verstörenden Stücke gewinnt.[39] Er gewinnt sie der Wirklichkeit ab:

> „Auster erzählt, mit 14 seien er und ein paar Freunde bei einem Spaziergang von einem Gewitter überrascht worden. Um den

Weg abzukürzen, seien sie mitten über ein Feld gegangen und unter einen Zaun gekrochen. Als der Junge vor ihm unter dem Drahtzaun kroch, schlug ein Blitz in den Zaun ein und erschlug seinen Freund. Ihm sei klar geworden, er hätte unter dem Zaun liegen können, auch hätte der Blitz ein paar Sekunden später einschlagen können. Seit diesem tragischen Vorfall, so Auster, sei er sich immer bewusst, dass er sein Leben einem Zufall verdanke.[40]

Der anonyme Regisseur solcher Katastrophen ist die Willkür der bloßen Ereignisse, in denen Menschen wunderbar gerettet werden können oder umkommen – das „Rote Notizbuch" ist voll von solchen Geschichten. Jede glückliche Wendung macht es nur umso unwahrscheinlicher, dass es einen Gott geben könnte. Er fehlt zu oft. Man schaut „in die brüllende Unendlichkeit"[41], die Auster in seinem letzten Roman – „Reisen im Skriptorium" – als unseren Himmel bestimmt. Hier wechseln die Figuren seiner Geschichten in die Wirklichkeit einer apokalyptischen Erzählung. Der Autor ist ihr Schöpfer, ihr Mörder. Er wird zum Teil einer Geschichte, die ihn an die Stelle des verlorenen Gottes setzt. Er stiftet den Zusammenhang in einer literarischen Verdopplung des Zufalls als tragendem Prinzip. Einerseits arrangiert er ihn, andererseits wird er von ihm im „wirklichen Leben" eingeholt. In aller Konsequenz kann sich der Gott eines religiösen Glaubens nicht mehr halten.

Dennoch beansprucht er Raum. Austers 2005 erschienener Roman „Die Brooklyn-Revue"[42] endet um acht Uhr morgens am 11. September 2001 in New York. Der Erzähler, Nathan Glass, verlässt soeben das Krankenhaus, in dem er glaubte, sterben zu müssen. Aber sein vermeintlicher Herzinfarkt war keiner. Schon am Anfang hatte er sich geirrt, als er nach Brooklyn gekommen war: „Ich suchte nach einem ruhigen Ort zum Sterben."[43] Doch Nathan überlebt auch seinen Krebs. Der Rückblick auf die tödlichen Ereignisse, die über New York hereinbrechen werden, macht ihn zum Überlebenden der nächsten tödlichen Gefahr. Es ist die Macht einer fanatischen Religion, die in seine Welt hereinbricht, nachdem er bereits zuvor mit der Sonderwelt einer Sekte konfrontiert war, in die sich seine Nichte zurückgezogen und aus der er sie befreit hatte. Religion bildet einen wesentlichen Subtext dieses Romans. Auf dieser Folie, wo alles einen Sinn hat, klingen die Spiele des Zufalls intensiviert. Der Zufall führt die Menschen zueinander.[44] Seine Konstellationen schaffen den Sinn, der sich im Überleben zeigt.[45] Aber man bleibt nur einen Schritt vom Abgrund entfernt. Mag sein, dass es keine Hölle gibt, wie Nathan der kleinen Lucy, der Tochter seiner Nichte, beteuert.[46] Aber ins „Fegefeuer"[47], so ist ein Kapitel überschrieben, müssen die Figuren immer wieder. Es ist das Purgatorium absurder Existenz, eines gehaltlosen Lebens, dem man mühsam geringe Dosen Sinn beimischen muss, die Gegengifte intellektueller Arbeit und menschlichen Engagements, mit denen man das umfassende Spektakel des Nichts aufschiebt. Bei seinem letzten Krankenhausaufenthalt wird Nathan klar, dass „ich so nah am Nirgendwo wie nie zuvor, gleichzeitig in und außer mir" war.[48] So ergeht es jemand, der das Leben liebt, aber nicht daran glauben kann.[49] Der Tod nimmt es in Besitz, und er löscht alles aus. Für den Überlebenden ergibt sich daraus eine spektakuläre Konsequenz:

> „Wenn aus dieser kurzen Begegnung mit der Sterblichkeit etwas zu lernen war, dann nur, dass mein Leben in der engsten Bedeutung des Wortes nicht mehr mir selbst gehörte. Ich brauchte mich nur an den Schmerz zu erinnern, der mich in diesem furchtbaren Augenblick zerrissen hatte, um zu begreifen, dass jeder Atemzug, der jetzt noch meine Lungen füllt, ein Geschenk jener launenhaften Götter war und dass mir von nun an jedes Ticken meines Herzens durch einen willkürlichen Gnadenakt gewährt wurde."[50]

Tom, Nathans Neffe, bearbeitet den Tod. Nach dem Tod der Götter setzt er dem Tod etwas entgegen. Er sucht nach einem Ort des Überlebens für alle Menschen, den er sich nicht anders als im Buch, in einer neuen heiligen Schrift vorstellen kann, die jeden Namen aufzeichnet und bewahrt. Schon in der „Nacht des Orakels" hatte eine Figur alle Telefonbücher gespeichert, um die Menschen nicht verloren zu geben. Nathan Glass gründet eine „Biographieversicherung"[51], in der die vielen Leben der unterschiedlichsten Leute aufgezeichnet werden.

> „Ich würde diese Person in Worten wiederauferstehen lassen, und wenn das Buch gedruckt und die Geschichte in einen festen Einband gebunden wäre, hätten sie etwas in der Hand, woran sie ihr Leben lang festhalten konnten. Und nicht nur das, sondern auch etwas, das sie überleben würde, das uns alle überleben würde. Man sollte die Macht von Büchern nie unterschätzen."[52]

Der erfolgreiche Versicherungsmakler wird zum Lebensretter. Nachdem er seine Frau so oft betrogen hatte, dass sie sich im Hass von ihm getrennt hatte, avanciert Nathan – der gebürtige Jude Auster kennt die Bedeutung des Namens, so wie er in allen seinen Geschichten mit Namen spielt – zu einem Lebensretter im kleinen und im großen Stil. Seine Initiativen verhelfen den Menschen um ihn herum immer wieder zu neuen Lebensoptionen. Nur der zwielichtige Harry Brightman verliert sein Leben, weil man ihm wörtlich das Herz gebrochen hat. Sein Nachlass erlaubt es freilich seinen beiden engsten Freunden, ein besseres Leben zu führen.

Auferstehungsgeschichten finden sich in diesem Roman allenthalben. Gründlich profaniert, bewahren sie gerade deshalb etwas Geheimnisvolles, so wie die ganze Reihe der Zufälle, die Geschichten mit einer „schmerzliche(n) Duplizität, die wenig oder nichts zu bedeuten hatte, aber trotzdem unheimlich war".[53] Ob es der Blick auf die Brooklyn Bridge im Vollmond ist, die für Nathans Neffen Tom die „wahre Transzendenz"[54] verkörpert, oder die Liebesgeschichten, mit denen alles am Ende aufzugehen scheint – jedes Mal ist es der eigentümliche Überhang des Lebens gegenüber dem Tod, der die Geschichte vorantreibt und damit zugleich über sie hinaus.

In die Arme Gottes fällt man nicht. Der alte Gott der Bibel hat jeden Kredit aus Kinderglaubenszeiten verloren. Es ist der

Gott, der Jakob auf Kosten Esaus bevorzugt; ein Lebensbetrüger. Mehr noch, schlimmer und grundsätzlicher:

> „Der Schlechte setzt sich durch, und Gott bestraft ihn nicht. Das kam mir nicht richtig vor. Das kommt mir immer noch nicht richtig vor."[55]

Als ihm Harry, erklärtermaßen Atheist[56], diese Geschichte vorhält, schlägt sich Nathan, gleichfalls dezidierter Atheist[57], noch auf die Seite des Gewinners. Er wird sie wechseln. Das Überleben auf Kosten der anderen gelingt dem ehemaligen Lebensversicherer nicht mehr. Das liegt nicht zuletzt an einem anderen Betrüger. Harry Brightman, der wegen dubioser Geschäfte bereits im Gefängnis gesessen hatte, entwickelt einen Plan, mit dem sich das lediglich imaginäre „Hotel Existenz", ein phantastischer Ort des Rückzugs ins verlorene Paradies, finanzieren lässt.[58] Sein Plan ist wenigstens so defekt wie der des göttlichen Schöpfers. Aber indem er misslingt, lässt sich ein wenig Glück in jenem „großen schwarzen Loch, das wir Welt nennen"[59], ermöglichen. Dieser Harry hat ausdrücklich etwas von einem „Erlöser".[60] Er nennt sich selbst so, und er hat schon als Kind die „Mission"[61] gehabt, die Waisenkinder des 2. Weltkrieges zu retten.

Aber auch wenn sich dieses Projekt hätte realisieren lassen, die Welt bliebe jener fragwürdige Weltraum, in dem alle guten Absichten immer wieder unter grotesken und tragischen Umständen scheitern können, so „dass man sich nur noch fragen kann, wer eigentlich wirklich die Welt regiert".[62] Niemand. Höchstens der Autor, der den Unsinn für den Augenblick seiner Erzählung aussetzt:

> „wenn ein Mensch das Glück hat, in einer Geschichte, in einer Phantasiewelt leben zu dürfen, legen sich die Schmerzen der wirklichen Welt. Solange die Geschichte weitergeht, existiert die Wirklichkeit nicht mehr."[63]

Freilich muss man das Paradies wieder verlassen – das des Romans, das jeder Existenz.[64] Man kann nicht ewig leben[65], und die Trauer darüber schafft auch keine Geschichte ab. Kein

Gott steht bereit, sie zu verwandeln. Lune, Nathans Nichte, kann darüber verbindliche Auskunft geben. Schließlich hat sie Jahre mit ihrem Mann in einer christlichen Sekte gelebt, in der auch ihre sexuellen Dienstleistungen für das Gemeindeoberhaupt gefragt waren.

> „Du kannst mit deinem Gott reden und hoffen, dass er dir zuhört, aber wenn dein Gehirn nicht auf den Vierundzwanzigstundensender Radio Schizophrenia eingestellt ist, wird er dir nie antworten."[66]

Es sei denn durch den großen Boss.

> „Gott spricht durch diesen Mann, und wenn er dir was sagt, solltest du dich besser daran halten, sonst …"[67]

Lune hält sich daran, und so kommt der Gottesmann zu seiner oralen Befriedigung, was den Gott der Religiösen ebenso wenig anziehend erscheinen lässt wie jenen anderen Gott:

> „Grundbesitz ist die offizielle Religion von New York, und ihr Gott trägt einen grauen Nadelstreifenanzug und hört auf den Namen Geld, Mister Immermehr Geld."[68]

Die Schnitte, die Austers Figuren in die wirkliche Wirklichkeit setzen, bleiben offen. Sie verheilen nicht. Die kleinen Erlösungen halten nur so lange, wie man überlebt – spätestens bis unser Sonnensystem stirbt und mit ihm die letzten Lebensversicherungspolicen der Bücher, die keiner mehr lesen kann. Als Nathan glaubt, sterben zu müssen, macht er eine überraschende Erfahrung:

> „Erstaunlicherweise hatte ich keine Angst. Der Anfall hatte mich in ein anderes Universum katapultiert, und dort waren Fragen von Leben und Tod bedeutungslos. Man nahm es einfach hin."[69]

Austers Geschichten bestätigen diesen Gedanken und widerrufen ihn zugleich. Das Erzählen, das unendliche Spiel mit den Zufällen und ihren möglichen Bedeutungen, macht alles, nur das Eine nicht: *es nimmt nichts einfach hin*. Den atheistischen Kosmos durchzieht ein feiner Bruch.

## 2.2 Ian McEwan oder die Macht der Einbildung

Im Jahr 2007 erschien der bislang letzte Roman des britischen Autors Ian McEwan: „Am Strand".[70] Aus diesem Anlass gab McEwan der *Neuen Zürcher Zeitung* ein umfassendes Interview, in dem ein Aspekt des Romans angesprochen wurde, der zugleich ein geheimes Leitmotiv im Gesamtwerk dieses bedeutenden Erzählers aufdeckt: seine literarische Arbeit an religiösen Phänomen. Ausgangspunkt für die Frage nach der eigenen Einstellung zu Religion war eine Charakterisierung der Hauptfigur Edward, eines Historikers, der sich, wie so oft in McEwans Romanen, in eine tragische Liebesgeschichte verwickeln lässt. Das Drama einer gescheiterten Hochzeitsnacht führt zur Trennung von der Frau, die er eigentlich liebt und die auch ihn liebt – aber der Sex, die eigene (auch religiös genährte) Verklemmtheit lässt die Liebenden auseinander gehen. Was im Rückblick so unnötig erscheint, so unvernünftig, stellt auch die handelnden Personen und zumal den vermeintlich so rationalen Edward in ein ambivalentes Licht. Als Historiker hat er sich mit den „Epidemien der Unvernunft" eingehend beschäftigt.[71] Er ist ihren apokalyptischen Ausbrüchen gefolgt, durchaus fasziniert, aber

> „zugleich war er froh, in einer Zeit zu leben, in der die Religion nahezu bedeutungslos geworden war."[72]

Diese Perspektive nutzt McEwan immer wieder – zuletzt etwa bei Henry Perowne, einem Neurochirurgen, von dem der Roman „Saturday" erzählt. Frühmorgens sitzt er mit seinem Sohn Theo zusammen, nachdem er beobachten musste, wie ein brennendes Flugzeug über den Londoner Himmel in eine vermeintliche Katastrophe stürzte. Ein terroristischer Anschlag? Das Werk religiöser Fanatiker am Rande des beginnenden zweiten Irak-Krieges, der dem Roman seinen zeithistorischen Hintergrund gibt? Alle Unheilsphantasien erweisen sich am Ende als solche, und der rationale Perowne, der seinen eigenen Gedanken mit dem neurochirurgischen

Seziermesser im Kopf folgt, muss sich ironisch der eigenen Hybris überführen. Aber im Augenblick des Gesprächs sitzen noch die Islamisten mit am Tisch – die Erinnerung an den 11. September ist zu präsent. Für Theo war dieser Tag der Beginn der persönlichen Weltgeschichte, für seinen Vater waren es die Tage der Kuba-Krise, die Ermordung Kennedys und ein Grubenunglück, das mehr als hundert Schulkinder in den Tod gerissen hatte.

> „Damals hatte er zum ersten Mal vermutet, daß es den von der Schuldirektorin so gepriesenen, kinderliebenden Vater im Himmel gar nicht gab. Und darauf sollten noch viele weltpolitische Ereignisse hindeuten. Für Theos unverhohlen gottlose Generation hatte sich diese Frage gar nicht erst gestellt."[73]

McEwan selbst kommt ihr weder in seinen Romanen noch im besagten Interview aus, und so bezieht er deutlich Position, die indirekt bereits durch die Widmung Christopher Hitchens' markiert wird, der sein Buch *Der Herr ist kein Hirte. Wie Religion die Welt vergiftet*[74] seinem Freund Ian McEwan widmete. Mit Bezug auf die Anschläge vom 11. September 2001 und vom Juli 2005 in London hält McEwan fest:

> „Als Konsequenz dieser Anschläge stehe ich der Religion, allen Religionen, noch feindseliger gegenüber als bereits zuvor. Im Gegensatz zur Wissenschaft und zum einzigartigen Projekt der Rationalität, das sich immer wieder selbst korrigiert, beruhen Religionen auf heiligen Texten, die für alle Zukunft festgeschrieben sind, und wir müssen uns mit ihnen auseinandersetzen, weil sie Behauptungen über die Welt aufstellen, für die es nicht die geringsten Beweise gibt. Die Ereignisse des 11. September, die Anschläge von Madrid und London zwingen uns meiner Ansicht nach erneut zum Nachdenken über die Frage, was wir überhaupt meinen, wenn wir vom ‚Glauben' reden. Der Glaube ist nichts als eine unbegründete Gewissheit, und die Vorstellung eines persönlichen Gottes ist in meinen Augen vollkommener Kitsch. Es ist megalomanisch zu denken, das Universum handle von einem selbst. Paradoxerweise haben also die Terroranschläge bei mir dazu geführt, nicht nur über den religiösen Glauben

nachzudenken, sondern auch über die Alternative, die wir haben, und das ist in meinen Augen die Rationalität. Die Welt, die wir durch das Hubble-Teleskop oder durch ein Mikroskop betrachten, die Welt, die uns die Wissenschaft erschließt, ist unendlich schöner als die Welten, die uns das Christentum, der Islam, der Buddhismus oder der Hinduismus zu bieten haben. Wir sollten anfangen, unsere Rationalität und unsere Wissenschaften als die wunderbaren Errungenschaften menschlicher Genialität zu feiern und der Arroganz derer zu misstrauen, die nicht nur behaupten, dass es einen Gott gebe, sondern uns auch noch sagen, was er denkt. Wir können Wunder und Inspiration in den Werken von Goethe und Shakespeare finden; wir können der Literatur eine moralische Orientierung entnehmen, die die Bibel nicht zu bieten hat."[75]

In seinen Romanen spielt McEwan häufig mit diesen Motiven und Argumenten – z.T. kann man sie fast wörtlich wiederfinden. Aber zugleich mutet er seinen Leserinnen und Lesern die unabschaffbaren Mehrdeutigkeiten zu, die sich mit der Wirklichkeit religiöser Vorstellungen und der Bedeutung der entsprechenden Überzeugungen ergeben. McEwan braucht nicht die simple Entstellung, um das Problem des Glaubens zu markieren. Es sind die Ambiguitäten selbst, mit denen die religiösen Akteure die Handlungswelten seiner Romane immer wieder durchziehen und erweitern, als wäre es gerade das Phantastische dieser Sonderwelten, mit denen sich die Geschichten der vermeintlich durchrationalisierten Moderne aufsprengen ließe, um sie bis zur Kenntlichkeit zu entstellen.

Auf diese Weise mischte sich Jed Parry im Roman „Liebeswahn" (1997) in das Leben von Clarissa und Joe Rose. Bei einem Ballonunglück lernen sie sich kennen. Fortan verfolgt der religiöse Enthusiast Jed den nüchternen Joe. Er bedrängt ihn mit seinen Liebesgeständnissen und akzeptiert auch die eindeutigsten Zurückweisungen nicht. Im Gegenteil interpretiert er alles als Zeichen der Liebe – bis es zu einer finalen Katastrophe kommt, einem ungebremsten Ausbruch der Gewalt. Jed wird verhaftet, aber in seinen Überzeugungen lässt er sich nicht irritieren. Ein psychiatrisches Gutachten fasst zusammen, was Jeds Problem ist:

„Sein Verhältnis zu Gott war ein persönliches und diente als Substitut für andere intime Bindungen. Seine Sendung ‚R. zu Gott zu führen', kann als Versuch gewertet werden, eine in sich geschlossene innerpsychische Welt zu schaffen, in der internalisiertes religiöses Gefühl und wahnhafte Liebe eins wurden. Im Patientengespräch beharrte P. darauf, daß er weder die Stimme Gottes gehört noch je irgendwelche Manifestationen seiner Gegenwart wahrgenommen habe. Vielmehr wurde er des Willens Gottes in der umfassend-unbestimmten Art und Weise vieler stark gläubiger Menschen ‚inne'."[76]

Es sind die spezifischen Interpretationsleistungen, die den religiösen Fall so problematisch erscheinen lassen. Jed ist zu außergewöhnlichen Rationalisierungen fähig. Jede Kommunikation lässt sich in sein sozial-psychisches Koordinatensystem eintragen und religiös auffassen, sodass aus den persönlichen Ambitionen objektive Offenbarungen werden.

Ähnlich verhält es sich mit June Tremaine, einer der Hauptfiguren aus dem Roman „Schwarze Hunde" (1992), erneut einer verwickelten Beziehungsgeschichte. Jeremy, der Ich-Erzähler, hat im Alter von acht Jahren seine Eltern bei einem Autounfall verloren und seitdem ein eigentümliches Interesse an den Eltern anderer Menschen. Er sucht die familiäre Nähe, die er nicht erfahren durfte. Das ändert sich auch nicht, als er seine Frau kennen lernt. Ihre Eltern, die Mutter eine zurückgezogene Mystikerin, der Vater ein prominenter Politiker, haben sich vor Jahren getrennt. Jeremy fühlt sich zu beiden hingezogen und beschließt, ihre Lebensgeschichte in Interviews aufzuzeichnen. Dabei wird er zwischen den verschiedenen Lebenssphären hin- und her gerissen, die sich mit ihren Biographien erschließen: June eine spirituelle Frau, nachdenklich, durchaus reflektiert; Bernard der rationale Typ, ein ehemaliger Kommunist, der die Lösungen für die Probleme der Welt nicht in eine transzendente Form der Innerlichkeit verschieben will. Für beide hat Jeremy Verständnis, keinem kann er glauben. Das hat seinerseits biographisch Gründe:

„In Gesprächen mit ihnen, die sich über mehrere Jahre erstreckten, wurde mir bewußt, daß das emotionale Vakuum, das Gefühl der Zugehörigkeit zu nichts und niemandem, das mich zwischen meinem achten und siebenunddreißigsten Lebensjahr gequält hatte, tiefgreifende geistige Konsequenzen mit sich brachte: Ich hatte keine Bindungen, ich glaubte an nichts. Nicht daß ich ein Zweifler gewesen wäre, daß sich mein neugieriger Verstand mit zweckdienlicher Skepsis gewappnet, oder ich Argumente immer um und um gewendet hätte; nein, es gab nur einfach keine gute Sache, keine fundamentale Idee, mit denen ich mich identifizieren konnte, keine transzendente Instanz, zu deren Vorhandensein ich mich rückhaltlos, leidenschaftlich oder gelassen bekennen konnte."[77]

June ist diese transzendente Wirklichkeit in einer besonderen Offenbarung aufgegangen. Im Frühjahr 1946 reisen Bernard und June nach Frankreich. Während einer Wanderung stößt June auf zwei riesige schwarze Hunde. Bernard ist für einen Augenblick zurückgeblieben, und June sieht sich diesen Bestien ausgesetzt. Am Morgen hatte sie bereits so etwas wie eine Vorahnung gehabt – nun holte sie dieses Gefühl einer unbestimmbaren Beunruhigung ein.

„Ihre Schwärze, die Tatsache, daß sie beide schwarz waren, daß sie zusammengehörten und herrenlos waren, ließ sie an Erscheinungen denken. An dergleichen glaubte June nicht. Jetzt aber konnte sie sich der Vorstellung nicht erwehren, weil die Wesen ihr vertraut vorkamen. Sie waren Sinnbilder der drohenden Gefahr, die sie verspürt hatte, sie waren die Verkörperung der namenlosen, unsinnigen, unsagbaren Unruhe, die sie morgens empfunden hatte."[78]

Die Situation spitzt sich zu. Junes Bewusstsein scheint sich von ihrem Körper zu lösen. Sie nimmt sich getrennt von sich selbst wahr und erwartet zugleich gelassen, was mit ihr geschehen wird. Als sie der erste Hund anzufallen droht, ruft sie nach Gott.

> „Das Füllwort verhalf ihr zu dem konventionellen Gedanken ihrer letzten und besten Chance. Sie versuchte in sich den Raum zu finden für die Gegenwart Gottes und vermeinte den schemenhaftesten aller Umrisse zu entdecken, eine bedeutungsschwere Leere in ihrem Hinterkopf, die ihr noch nie zuvor aufgefallen war. Diese schien in ihr aufzusteigen und sich nach draußen zu ergießen, plötzlich in ein mehrere Meter hohes, ovales Halbdunkel zu strömen, eine Hülle pulsender Energie oder, wie sie später zu erklären versuchte, ‚farbigen, unsichtbaren Lichts‘, das sie umschloß und barg. Wenn das Gott war, dann unanfechtbar auch sie selbst.“[79]

Es handelt sich um eine „Offenbarung“[80], die mystische Formulare aufgreift und fortschreibt. Die paradoxale Konstruktion als Ausdruck des Unfassbaren gibt diesem persönlichen Ereignis eine Gestalt, die für Jeremy so intim ist, dass er nicht in Frage ziehen will, was geschah, ohne glauben zu können, woran June fortan glaubt. Bernard hingegen reagiert von Anfang an nicht nur skeptisch, sondern offen ablehnend und verärgert. In seiner Darstellung liest sich die Geschichte ganz anders, nüchterner, sachlich erklärbar. Aber es gibt noch eine weitere Perspektive auf die Geschichte, erneut in unterschiedliche Deutungen geteilt. Der Bürgermeister des nahe liegenden Dorfes berichtet von den Hunden, mit denen die Deutschen Ende des 2. Weltkrieges Terror im Dorf und der Umgebung verbreitet haben. Eines Nachts sollen sie, eigens dafür abgerichtet, eine junge Frau besprungen haben, die auf diese Weise von den Nazis gefoltert wurde. Zeugen wollen dies gesehen haben, was die Wirtin des Gasthofes, in dem June und Bernard übernachten, energisch bestreitet. Und so bleibt auch diese unglaubliche Geschichte im Dunkeln.

In jedem Fall symbolisieren die Hunde für June seitdem das Böse schlechthin. Sie haben June „überzeugt von der Existenz des Bösen und der Gottes“.[81] Es ist das Böse in jedem Menschen. Und darin gründet die Unabweisbarkeit dieser Erfahrung. Der geläuterte Kommunist Bernard hat es bekämpfen wollen und ist ihm auf den Leim gegangen, bis er endlich mit Stalin brach. June baut demgegenüber eine innere Wirklichkeit auf, in die Bernard nie finden kann. Und so trennen sich beide, obwohl sie sich lieben – eine vertraute Konstellation in den Romanen McEwans, in denen seine Figuren so oft am Rande einer Katastrophe leben und nicht selten von ihr ergriffen werden. Über den Tod der Schwiegereltern hinaus bleiben sie in einem unendlichen Widerstreit aneinander gebunden, den Jeremy neu entfesselt, als er daran geht, seine Geschichte aufzuschreiben. Die Geisterstimmen beschwören und leugnen den Gott, der sich in den schwarzen Hunden Ausdruck verschafft hat.[82] Zerrissen von den wechselnden Argumenten bleibt Jeremy am Ende nur die Einsicht, dass diese Hunde einmal wiederkommen werden, Inkarnationen des sich entfesselnden Bösen.

Im Rückblick liest sich dieses Ende wie eine Prophezeiung, die ihr Autor in seinen folgenden Büchern einholt. Die Romane McEwans nach dem 11. September greifen das Motiv der schwarzen Hunde nicht auf. Dennoch scheinen sie aus den religionspolitischen Eskalationen des begonnenen 21. Jahrhunderts hervorzubrechen. Die „Epidemien der Unvernunft" fegen wieder durch Europa und die globalisierte Welt. Gerade weil sich die rationalen Vertreter seiner Romane fehlbar erweisen, einseitig, mitunter schwach, problematische Charaktere, hinfällig wie alle Menschen, löst sich aus diesem Ensemble die Gestalt kritischer Vernunft als Gegenbild zu jenen verführungsanfälligen, labilen religiösen Weltdeutungsmustern heraus, die schließlich doch zu einer letzten Offenbarung verhelfen: zur Wahrheit über die illusionäre und allzu oft destruktive Wirkung jener Gedanken, die allesamt von dieser Welt sind und die nächste nur aus dem Stauraum unserer psychischen Probleme und falscher neuronaler Vernetzungen destillieren. So sind eben unsere Gedanken, und nichts anderes ist auch Religion. Niemand weiß das besser als Henry Perowne, der Neurochirurg, der sich in einem Augenblick größter Gefahr in die verwirrenden Abläufe seiner Gedanken verirrt, in eine parallele Neuronalwelt, die funktioniert wie jene andere, transzendente:

> „Präverbale Sprache, die Linguisten sprechen von Mentalese, der universalen Sprache der Gedanken. Nicht so sehr Sprache als vielmehr eine Matrix wechselnder Muster, wobei Bedeutung sich in Bruchteilen von Sekunden verfestigt und komprimiert, um untrennbar mit einer unverwechselbaren emotionalen Einfärbung zu verschmelzen. Ein kränkliches Gelb. Selbst wenn man wie ein Poet die Gabe der Verdichtung besäße, bräuchte man aberhundert Worte und viele Minuten, um diesen Gedanken auszudrücken. Weshalb der rote Blitz, der links über den Rand seines Gesichtsfelds jagt wie ein Schatten über die Netzhaut bei Schlaflosigkeit, bereits den Charakter eines Gedankens, unerwartet und gefährlich, dabei noch gänzlich sein eigener Gedanke und nichts, was aus der Welt außerhalb seiner selbst käme."[83]

Die Einsicht in die Entstehung religiöser Gedanken verbindet sich mit dem Erschrecken vor dem irrationalen Problemdruck, der sich immer wieder gewaltförmig entlädt. Perowne, der aliterarische Arzt, mag seine Schwächen haben. Eine davon liegt, auch damit spielt der Roman, in seinem sehr sicheren naturalistischen Weltbild. Wenn man ihn bäte, erklärt er seiner Tochter, einer hoch begabten Lyrikerin, würde er die Evolutionstheorie „zu seiner Religion" erklären.[84] Natürlich ist das Ironie. Aber verbunden mit seiner szientifischen Nüchternheit ergibt sich der notwendige Abstand zu allem, was die Welt in einem letzten Glaubensgrund auflöst – nur um sie womöglich zum Explodieren zu bringen. Für Ian McEwan empfiehlt sich angesichts dessen das nüchterne Bekenntnis zur gegebenen Welt:

> „there will be no one to save us but ourselves."[85]

## 2.3 Philip Roth oder die Macht des Todes

„„Wir nehmen Ihre alte Uhr gegen eine neue in Zahlung.'"[86] Die namenlose Hauptfigur des Romans „Jedermann" von Philip Roth, ein *Jedermann* des 21. Jahrhunderts, würde diese Werbung aus dem Juweliergeschäft ihres verstorbenen Vaters gerne abändern. Für den erfolgreichen ehemaligen Werbetexter dennoch ein Problem: Er würde seinen verbrauchten Körper, der „mit der Zeit zu einem Lagerhaus für künstliche Gerätschaften geworden war, die den endgültigen Zusammenbruch hinauszögern helfen sollten"[87], gerne gegen einen jungen eintauschen. Sein altes Leben gegen ein neues. Vielleicht ein ewiges? In einem Interview muss Roth auf die Frage antworten, was so schlimm sei am Tod und am „totalen Nichts". Die Antwort:

> „Die Auslöschung! Glauben Sie nicht, dass jede Religion auf der Angst vor eben dieser Auslöschung gründet?"[88]

Die Zeit seines *Jedermann* jedenfalls läuft ab. Genauer: Seine Lebensuhr ist bereits zum Stillstand gekommen. Der Roman beginnt mit seinem Begräbnis und endet mit der Operation, die er nicht überleben wird. Der Erzähler, der aus der intimsten Kenntnis seines Innenlebens heraus die Fäden der Geschichte in Händen hält, muss das Ende Jedermanns mitteilen:

> „Herzstillstand. Er war nicht mehr, befreit vom Sein, ging er ins Nichts, ohne es auch nur zu merken. Wie er es befürchtet hatte von Anbeginn."[89]

Seine Lebenstodesangst spiegelt sich in den Worten seiner Tochter und seines Bruders am Grab.

> „„Man kann die Wirklichkeit nicht umändern', sagte sie zu ihm. ,Man muß es nehmen, wie es kommt. Halt dich tapfer, und nimm es, wie es kommt.'"[90]

Und der erfolgreiche, um seine Vitalität eifersüchtig beneidete Bruder schließt an:

> „„Er hätte länger leben sollen. Das hätte er wahrlich verdient.'"[91]

Natürlich weiß Nancy, dass der Vater sie nicht hört. Dennoch sucht sie den Verlorenen über seinen Tod hinaus, ihm selber ähnlich, als er sich kurz vor seiner letzten Operation auf den Friedhof seiner Eltern begibt. Vom Totengräber lässt er sich erklären, wie die Gräber ausgehoben werden, und vor seinen Augen entsteht ein Ort der Ruhe, ein Raum der Verbundenheit mit den Eltern.

> „Er konnte nicht weggehen. Die Zärtlichkeit war ebenso außer Kontrolle wie das Verlangen, daß sie alle noch lebten. Und daß er das alles noch einmal haben könnte."[92]

Für den desillusionierten Atheisten kann es diesen Weg zurück nicht geben. Das Leben misst sich an den Erinnerungen, die im nächsten Augenblick verloren gehen, weil das Bewusstsein stirbt. Es bleiben die Knochen, der materialisierte genetische Lebensrest, der den Sohn an die Eltern und seinen kommenden Tod an das ehemalige Leben bindet. Es ist, als ließe sich die letzte und endgültige Einsamkeit aufhalten, weil der Mensch sich zu all den anderen legt, die der Tod isoliert hat.

> „Die Knochen waren der einzige Trost für einen, der nicht an ein Leben nach dem Tode glaubte und ohne jeden Zweifel wußte, daß Gott eine Erfindung war und dieses eine Leben das einzige, das er haben würde."[93]

Einsamkeit ist die Formel des Todes. Sie hat bereits die letzten Lebensjahre des Jedermann bestimmt. Dreimal war er verheiratet, keine seiner Ehen hat gehalten. Die Dauer, die er sich von seinen Beziehungen versprochen, auf die er trotz seiner verschiedenen Geliebten gehofft hatte, erwies sich als ebenso utopisch wie der Gedanke an eine Lebensdauer über den Tod hinaus. Den entsprechenden Glauben hatte er schon eine Woche nach seiner Bar Mizwa verloren. Der Vater war am Lebensende zum frommen Juden geworden. Aber auch hier gab es keine Antwort auf den Tod.

> „Religion war eine Lüge, die er schon früh im Leben durchschaut hatte; er nahm Anstoß an allen Religionen, ihr abergläu-

bisches Getue schien ihm sinnlos und kindisch; was er nicht ausstehen konnte, war ihre komplette Unerwachsenheit – die Babysprache, die Rechtschaffenheit und die Schafe, die eifrigen Gläubigen. Mit Hokuspokus über Tod und Gott und obsoleten Himmelsphantasien hatte er nichts zu schaffen. Es gab nur unsere Körper, geboren, um zu leben und zu sterben nach Bedingungen, geschaffen von Körpern, die vor uns gelebt hatten und gestorben waren. Falls man überhaupt von ihm sagen konnte, er habe für sich eine philosophische Nische gefunden, dann war es das – er war früh und instinktiv darauf gestoßen, ein ebenso simples wie komplettes Weltbild. Sollte er jemals eine Autobiographie schreiben, würde sie heißen: *Leben und Tod eines männlichen Körpers*."[94]

Diese Biographie hat Philip Roth immer wieder aufgelegt. Seine späten Romane führen die Verlustgeschichten des Lebens durch. Nathan Zuckerman, der seinen Autor durch neun Romane begleitet hat, leidet in „Exit Ghost"[95] unter dem Verlust seines Kurzzeitgedächtnisses, unter Inkontinenz und Impotenz – ein umfassendes Bild an der Schwelle des Todes. In „Sabbaths Theater"[96] verliert Mickey Sabbath die jüngere Frau, die er geliebt hat, und in „Das sterbende Tier"[97] muss der alternde Erzähler die Krebsgeschichte seiner jugendlichen Geliebten miterleben: Der Tod lässt niemand aus. Der Tod formatiert die Allgegenwart des Lebens und unterzieht sie einer eigentümlichen Wirklichkeitsprobe: Was ist real, wenn es vergeht? Wenn es einmal sein wird wie nie gewesen? Wenn auch die letzten Knochen des *männlichen Körpers* zu Nichts geworden sind?

Als der *Jedermann* jung war, irritierten ihn solche Fragen nicht. Solange seine Vitalität ungebrochen war. Solange der Sex die Freude am Leben artikulierte, freilich immer schon ein wenig verzweifelt auf dem Weg zum nächsten Abenteuer, nah genug am Tod, der sich in den begrenzten Möglichkeiten eines einzigen Lebens ankündigt. Mit dem Älterwerden geht es aber zunehmend darum, „den Tod auszutricksen."[98]

„Die verschwenderische Fülle der Sterne machte ihm unzweideutig klar, daß er sterben mußte, und das Donnern der nur wenige Meter entfernten See – und der Alptraum des schwärzesten Schwarz unter der tosenden Oberfläche des Wassers – weckten in ihm nur den Wunsch, dieser drohenden Auslöschung zu entkommen und in ihr behagliches, helles, karg möbliertes Haus zu entfliehen. Als er, unmittelbar nach dem Koreakrieg, mannhaft seinen Wehrdienst bei der Marine geleistet hatte, hatten die Unendlichkeit des Meeres und der gewaltige Nachthimmel nicht so auf ihn gewirkt – nie hatte er sie damals als Totengeläut empfunden. Er verstand nicht, wo diese Angst plötzlich herkam, und mußte seine ganze Kraft aufbieten, um sie vor Phoebe zu verbergen. Warum mußte er seinem Leben gerade dann misstrauen, wenn er es besser im Griff hatte als seit Jahren?"[99]

Dieses Warum bleibt ohne Antwort. Aber man entkommt ihm auch nicht. Das Material des bloßen Lebens behandelt den eigenen Trieb nach Unendlichkeit, nach Weiterleben, worauf sich der *Jedermann* des 21. Jahrhunderts spezialisiert hat. Das konkrete Symbol liefert die Erzählung mit einer entscheidenden Metapher: Der Vater tauscht nicht nur Uhren und Lebenszeitmesser, sondern er bietet auch die Unvergänglichkeit in Gestalt von Diamanten an.

„Ein Teil der Erde, der unvergänglich ist, und eine bloße Sterbliche trägt ihn an der Hand!"[100]

Der wirkliche Stein wird unter der Hand zum Bild der ausweglosen Sterblichkeit. Er manifestiert „die überwältigende Macht"[101] des Todes, weil ihm nichts Lebendiges auskommt. Der Trick der intellektuellen, der künstlerischen Bearbeitung des Todes hilft ihm nicht ab. Nur der unabfindbare Überhang der Fragen bleibt, an dem sich auch die Macht der „brutalen Unmittelbarkeit der Beerdigung"[102] bricht.

Dem gibt der Roman eine narrative Form. Am Anfang steht die Beerdigung der Hauptfigur, am Ende ihr Tod.

„Was wir dazwischen lesen, sind die Gedankengänge eines postmortalen Bewusstseins, sind die Erinnerungen eines Toten, der nach dem Ende der kurzen Trauerfeier allein auf dem Friedhof zurückbleibt und sich eingestehen muß, daß die Einsamkeit, die ihn nun umfängt, bereits mitten im Leben begonnen hatte."[103]

Das einsame Leben und der endgültige Vollzug der Einsamkeit im Tod stehen in einer unaufgehobenen Spannung zum Eigensinn eines unmöglichen Narrativs, zum Widerstand des Erzählens gegen den Tod. Ontologisch folgt daraus nichts. Aber zugleich lässt sich auch das Nichts, an das der Jedermann glaubt, nicht mehr ohne Weiteres als das letzte Wort über die Wirklichkeit plausibilisieren – jedenfalls nicht im Modus einer Erzählperspektive, die dem Tod und dem Nichts ein letztes – unmögliches – Schnippchen zu schlagen sucht, indem der Autor aus dem Off des Todes spricht. Das Weitererzählen arbeitet nicht nur an der Einsamkeit, setzt nicht nur das endliche Gespräch ins schier Unendliche der Fiktionen fort, sondern sprengt auch die Fesseln eines reinen Materialismus, weil das totale Nichts immer neu die offene Frage nach seiner Bedeutung stellt. Und so kann Nancy selbst den Tod nicht einfach hinnehmen, während sie es ihrem Vater am offenen Grab empfiehlt. Warum sonst sollten ihr der Satz und der Augenblick so schwer fallen?

## 2.4 Cormac McCarthy oder die Macht der Apokalypse des Nichts

„Öde, stumm, gottverlassen."[104] Die Welt des Cormac McCarthy geht so auf. Seine Romane strapazieren ihre Leserinnen und Leser bis ans äußerste Ende dieser Erfahrung. Sie führen sie mitten in die Apokalypsen einer Welt, deren unerbittliche Grausamkeit sie Zug um Zug freilegen. Es handelt sich um Offenbarungen einer archaischen Welt, die gerade deshalb modern erscheint, weil sie die mögliche Zukunft der Gegenwart als deren katastrophische Konsequenz begreift. Religiöse Wortfetzen brechen immer wieder zwischen den Schaustücken brutaler Endlichkeit und absoluter Gewalt durch, nicht mehr als vergilbte Palimpseste eines alten Glaubens, über den sich andere Texturen ausgebreitet haben. Realistischere Beschreibungen dessen, was Leben ausmacht.

In einem seiner frühen Romane, „Draußen im Dunkeln" (1968), sind zwei Geschwister in einer inzestuösen Beziehung gefangen. Eine klaustrophobische Welt aus Dreck und aussichtsloser Armut schließt sie ein. Der Bruder will das verbotene Kind töten; er setzt es aus. Ein Kesselflicker findet das Neugeborene und nimmt es mit. Als die Schwester die Wahrheit erfährt, macht sie sich auf die Suche nach ihrem Jungen. Der vergebliche Kampf darum, das verlorene Leben des Babys und damit das Leben selbst zurück zu gewinnen, durchzieht den Roman. Holme, der Bruder, hat das Elternhaus nach der Geburt des Kindes verlassen. Er irrt ziellos umher, bis er irgendwann seinerseits seine Schwester zu suchen beginnt. Unweigerlich zieht er immer neue Katastrophen wie magisch an, die das düstere Land herausfordert.

> „Nachts trieb das Boot durch eine Untiefe. Das Geräusch des Stroms wurde lauter, steigerte sich zu einem Plätschern, bis die Fähre unter grässlichem Gieren plötzlich abschwenkte und schaukelnd durch eine Stromschnelle glitt; Holme, hilflos und blind, sein Magen ein schwarzes flaues Gewaber, saß da, klammerte sich, umfangen vom klammen Dunst, an die Bank und flehte, im innersten Herzen gottlos, den Fluß in stummem Gebet um Schonung an."[105]

Dieses Land, der amerikanische Westen, ein finsterer Weltraum, produziert eine kolossale Erbarmungslosigkeit, sei es der Natur oder der Menschen, die sie hervorgebracht hat. Der Tod ist allgegenwärtig. Kein Gott tritt für die Menschen ein. Sie werden umgebracht, oft ohne jeden Grund. Der Western „Die Abendröte im Westen" (1985) breitet die Massaker der Unmenschlichkeit aus, alles in einer Sprache entwickelt, die in ihrer dunklen Poesie jedes Licht nimmt und deshalb umso schärfer aussticht, was die anonyme Natur die Menschen kostet, die sie gleichgültig ins Leben auswirft und wieder verschluckt.

> „Der Nachthimmel ist derartig mit Sternen besprengt, daß kaum noch Raum für Schwärze bleibt, die Sterne stürzen die ganze Nacht über in scharfen Bögen dahin, ihre Zahl wird dadurch nicht kleiner."[106]

Das ist Unendlichkeit: der Fortgang ins Nichts. Ein Expriester tritt auf, ein Richter. So wenig es hier einen Gott gibt, so wenig Gerechtigkeit. Der Richter ist der konsequente Mörder, und entsprechend ist jeder Satz, in dem das Wort Gott vorkommt, seine äußerste Bestreitung. Die Apokalypsen des Nichts werden umso prägnanter, wenn die alte Erinnerung an das abgelegte Zauberwort vom fernen Gott zurückkehrt, wie falsch in den Mund genommen. Ist es heraus, zerfällt es wie eine Mumie an der frischen Luft. Die Wirklichkeit ist zu rau für den Gedanken, der an dieser Erinnerung haftet.

Im Roman „Die Straße" betritt man die Welt nach ihrem apokalyptischen Augenblick. Ein Krieg? Ein atomares Desaster? Die Frage nach der Ursache des globalen Untergangs ist deshalb überflüssig und bleibt vom Roman folgerichtig unbeantwortet, weil der Grund auf der Hand liegt: jenes Nichts, das früher oder später alles absorbiert. Schon jetzt, im Leben des Vaters und des Sohnes, die durch das verödete Land ziehen, umfasst es alles. Sein Bild ist das Dunkel, ein adjektisches Leitmotiv der Geschichten McCarthys. So beginnt auch „Die Straße":

> „Wenn er im Dunkel und in der Kälte der Nacht im Wald erwachte, streckte er den Arm aus, um das Kind zu berühren, das neben ihm schlief. Nächte, deren Dunkelheit alle Dunkelheit überstieg, und jeder Tag grauer als der vorangegangene. Wie das Wachstum eines kalten Glaukoms, das die Welt verdüsterte. Mit jedem kostbaren Atemzug hob und senkte sich weich seine Hand. Er schob die Plastikplane weg, richtete sich zwischen den stinkenden Fell- und Wolldecken auf und hielt Richtung Osten nach einer Spur von Licht Ausschau, aber es war nichts zu sehen."[107]

*Lux ex oriente*? Eine gegenstandslose Assoziation, weil für Hoffnung nur der Raum bleibt, den der nächste Atemzug noch lässt. An die Stelle des Gottes, über den hinaus Größeres nicht zu denken ist, schiebt sich die *Dunkelheit, die alle Dunkelheit übersteigt.* Sie legt sich wie eine Patina vergangener Metaphysik über die Geschichten McCarthys und schafft damit zugleich einen Raum notwendiger Erinnerung. Im Roman „Kein Land für alte Männer" (2005), von den Coen-Brüdern verfilmt und mit vier Oscars ausgezeichnet, kommentiert der alte Sheriff Bell die Handlung. Llewelyn Moss stößt auf einem Streifzug durch die texanische Wüste auf mehrere Leichen und einen Geldkoffer mit 2,4 Millionen Dollar, die offensichtlich aus Drogengeschäften stammen. Er nimmt das Geld und wird fortan verfolgt – vor allem von einem Killer namens Chigurh, ein Name, der bitter ironisch nach *Sugar* klingt und sowohl Llewelyn als auch dessen Frau umbringt. Von allen anderen wie nebenbei Liquidierten nicht zu sprechen. Dieser Chigurh hat seine eigene Moral. Er hat Moss versprochen, seine Frau überleben zu lassen, wenn er sich stellt, sie anderenfalls aber zu erschießen. Für Llewelyn selbst kann es kein Entkommen geben. Als Moss nichts unternimmt und Chigurh ihn erwischt hat, nimmt sich der Mörder die Zeit, zu seiner Witwe zu fahren und sein Versprechen einzulösen. Er hat davon keinen Gewinn, im Gegenteil geht er das Risiko ein, gestellt zu werden. Aber er ist es dem Toten schuldig, denn er hat sein Wort gegeben. Carla Jean, Moss' Frau, hat nicht nur den Glauben an ihren Mann verloren, der sie dem Killer ausgeliefert hat, sie steht am Ende auch fassungslos vor dem Killer, der ihr beinahe theologisch begründet, warum er sie hinrichten muss:

> „Toten schuldet man nichts.
> Chigurh legte den Kopf leicht schräg. Ach nein?, sagte er.
> Wie kann man ihnen etwas schulden?
> Wie kann man ihnen etwas schuldig bleiben?
> Sie sind tot.
> Aber mein Wort ist nicht tot. Nichts kann das ändern.

Sie können es ändern.

Das glaube ich nicht. Selbst ein Nichtgläubiger dürfte es nützlich finden, sich Gott zum Vorbild zu nehmen. Sogar sehr nützlich.

Sie sind bloß ein Gotteslästerer.

[...]

Ich weiß nicht, was ich je verbrochen hab, sagte sie. Ich weiß es wirklich nicht.

Chigurh nickte. Wahrscheinlich doch, sagte er. Es gibt für alles einen Grund.

Sie schüttelte den Kopf. Wie oft hab ich genau diese Worte gesagt. Das tu ich nie wieder.

Ihr Glaube ist ihnen abhandengekommen."[108]

Anton Chigurh übernimmt die Theodizee des verlorenen Gottes. Er hält an der Moral eines Berufskillers fest, die einen Fixpunkt für das eigene Handeln liefert, gerade weil es keinen erkennbaren letzten Grund in dieser Welt gibt. Ohne ihn könnte er weder töten noch leben, alles wäre beliebig. Chigurh glaubt an Verantwortung, daran, die Konsequenzen seines Handelns übernehmen zu müssen. Indem er tötet, hält er sich an die Regeln des Spiels, das er beherrscht. Trotzdem gibt es eine Lücke darin, einen unerfassbaren Punkt. Als er einen Konkurrenten erschießt, diskutiert er mit ihm über den Sinn der Regeln, die ihn hierher geführt haben. Man muss sich an sie halten, auch wenn sie keinen wirklichen Sinn haben.

> „Chigurh schoss ihm ins Gesicht. Alles, was Wells je gewusst, gedacht oder geliebt hatte, troff langsam an der Wand hinter ihm hinab."[109]

Mehr gibt es nicht. Der metaphysische Mörder als letzter Materialist, der zugleich verstehen will, wo es nichts zu verstehen geben dürfte. Also nimmt er den Platz des gerechten Gottes ein, an den er selbst nicht glauben kann, denn er müsste an den Menschen glauben. Der alte Bell muss glauben und kann deshalb nicht fassen, was mit dieser Welt voller Chigurhs geschieht. Aus ihm spricht der alte Gott der Ordnung, des Gesetzes. Der neue Gott verdrängt ihn, und es kostet alle Anstrengung, weiter zu glauben. Sein Onkel Ellis erklärt es ihm:

> „Wenn einer ungefähr achtzig Jahre lang darauf gewartet hat, dass Gott in sein Leben tritt, dann würd man doch meinen, dass der dann auch kommt. Wenn nicht, müsste man trotzdem davon ausgehen, dass er weiß, was er tut. Ich weiß nicht, wie man Gott anders beschreiben könnte. Letztlich läuft's darauf hinaus, dass diejenigen, zu denen er gesprochen hat, es wohl am nötigsten gehabt haben. Das ist nicht so einfach zu akzeptieren … Aber vielleicht schauen wir ja alle durchs falsche Ende vom Fernglas. Und zwar schon immer."[110]

Gott ist immer woanders. An der falschen Stelle. Er fehlt und kann nur so noch erfahren werden. Er verliert sich in der Geschichte, und doch kommt sie ohne die Erinnerung an ihn nicht aus.

Am Ende seines Lebens erinnert sich der Vater im Roman „Die Straße" an eine beunruhigende Erkenntnis. Ein Traum führt in die verlorene Welt zurück, in eine Bibliothek, nach dem Untergang der alten Welt.

> „Umgekippte Regale. Irgendein Zorn auf die zu Tausenden in Reihen angeordneten Lügen. Er hob eines der Bücher auf und durchblätterte die schweren, aufgequollenen Seiten. Er hätte nicht gedacht, dass der Wert des geringsten Gegenstandes eine künftige Welt voraussetzte. Das überraschte ihn. Dass der Raum, den diese Gegenstände einnahmen, selbst schon eine Erwartung war. Er ließ das Buch fallen, warf einen letzten Blick in die Runde und ging hinaus in das kalte graue Licht."[111]

Der Mann irrt mit seinem Jungen durch diese neue Gegenwart. Die Überlebenden sind keine Leser mehr, sondern Kannibalen. Die Stelle des verlorenen Gottes übernimmt nun der Vater, der die letzten Reste vom Feuer der Humanität weitergeben will. Aber auch er tötet. Auch er gibt nichts von den wenigen Lebensmitteln ab, die man findet. Auch er nimmt dem Plünderer, der sie beraubt hat, noch das Allerletzte, und verurteilt ihn damit zum Tod. Seine eigene Erbarmungslosigkeit soll das Überleben des Jungen retten, der den Sinn verheißt, der unterging, als mit dem Tod des Menschen auch Gott starb:

> „Er wusste nur, dass das Kind seine Rechtfertigung war. Er sagte: Wenn er nicht das Wort Gottes ist, hat Gott nie gesprochen."[112]

Bewiesen ist damit nichts. Höchstens das Gegenteil einer letzten Hoffnung, die auf der Bühne dieser Eschatologie schrecklich absurd erscheint:

> „Er blickte zum Himmel auf. Eine einzige graue Flocke schwebte herab. Er fing sie mit der Hand und sah zu, wie sie darauf zerging wie die letzte Hostie der Christenheit."[113]

Das Nichts dringt mit den Menschen vor, die eine neue Geschichte schaffen.

> „Auf dieser Straße gibt es keine Männer, aus denen Gott spricht. Sie sind fort, ich bin allein, und sie haben die Welt mit sich genommen. Frage: Worin unterscheidet sich, was niemals sein wird, von dem, was niemals war?"[114]

Muss man konsistent denken können, worauf man nicht verzichten will, wofür es in der Wirklichkeit aber keinen Anhalt gibt? Dass Sinn hat, was man tut? Schluckt nicht die eigene Zukunft jeden Moment des Lebens? Verzweifelt setzt der Mann das Leben des Jungen gegen den Tod ein. Er ist Gottes Auftrag: die Liebe. Aber daran kann sich der Vater nur gegen besseres Wissen halten.

> „Im grauen Licht ging er hinaus, blieb stehen und erkannte einen Moment lang die absolute Wahrheit der Welt. Das kalte, unerbittliche Kreisen der hinterlassenschaftslosen Erde. Erbarmungslose Dunkelheit. Die blinden Hunde der Sonne in ihrem Lauf. Das alles vernichtende schwarze Vakuum des Universums. Und irgendwo zwei gehetzte Tiere, die zitterten wie Füchse in ihrem Bau. Geliehene Zeit, geliehene Welt und geliehene Augen, um sie zu betrauern."[115]

Der Kampf ums Überleben ist nicht mehr als es selbst. Der

Tod hat nur die Bedeutung des Augenblicks, der solange anhält, wie auch der letzte Mensch gestorben ist, der noch Trauer um den Toten empfinden kann. Nichts bleibt und also hat nichts Bedeutung, nur dass sich der Vater damit nicht abfinden kann. So wenig wie der Sohn, der immerfort nach den „Guten" fragt, die ihn am Ende finden und aufnehmen, nachdem der Vater gestorben ist. Gut sind diese Menschen, weil sie keine Menschen essen. Weil sie einen Rest an Mitmenschlichkeit bewahrt haben. Aber der Atem Gottes, von dem am Ende eine Frau dem Jungen erzählt, wird mit dem Menschen vergehen. Nichts lässt sich rückgängig machen. Tot ist tot. Erlösung kann schon als Gedanke nicht mehr aufkommen. Und so behält ein alter Mann recht, den Vater und Sohn einmal getroffen haben:

> „Es gibt keinen Gott.
> Nein?
> Es gibt keinen Gott, und wir sind seine Propheten … Wo keine Menschen leben können, ergeht es Göttern nicht besser."[116]

Der einzige Trost besteht in der Aussicht, dass einmal alle weg sind, Menschen wie Götter. Und nur das Land bleibt, das den Jungen für eine unbestimmte Zeit aufnimmt.

> „In den tiefen Bergschluchten, wo sie lebten, war alles älter als der Mensch und voller Geheimnis."[117]

Dieser schmale Trost jenseits des Trostes hat das letzte Moment des Fragens noch nicht hinter sich lassen können. Das Geheimnis aber muss am Ende selbst untergehen, weil es niemand mehr erfahren kann. Das Leben ist nichts als das Leben, nachdem es die Geschichten seiner Deutungen überwunden hat. Tröstlich erscheint das Ende der Episode des Menschen, nach dem niemand mehr getröstet zu werden braucht. Der endgültige Atheismus der Natur muss der konsequente Tod des Menschen sein. Und so müsste man eigentlich das Fragen hinter sich lassen, das im verschlingenden Zentrum der Romane McCarthys wartet: indem seine Geschichten dem einen tragenden Gedanken widersprechen, beglaubigen sie ihn. Die strenge Einsicht in das Nichts erlaubt es, weiter zu erzählen ohne Sinn, vom Nichts in seine kommende und sich ausbreitende Totalität hinein. Am Ende sind McCarthys Erzählungen düstere Komödien.

## 2.5 Atheistische Abblendungen: Ein literarischer Übergang

Die literarischen Eingriffe, die mit den verschiedenen Romanen vorgestellt wurden, funktionieren als Modelle. Mit ihnen wird greifbar, wie sich die Vorstellung und die Rede von Gott in das Hinterland unserer Wirklichkeitsbearbeitung zurückziehen, gerade weil sie mit der Macht religiöser Gewalt traumatisch offenkundig werden. Die eingespielten Texte schaffen den atmosphärischen Boden für das, was mit dem alten Wort Gott abgelegt wurde und sich deshalb nicht buchstabieren lässt, weil sich der Gott der Geschichten als Akteur der Geschichte entzieht.

Gleichzeitig zittern die Fragen nach, in denen dieser Gott noch als Zitat auftritt. Vor der Sprengkraft des Unfassbaren, die sich mit seinem Namen verbindet, gibt es keine bequeme Deckung. Die Attestate des Unmöglichen werden in der Sperrschrift einer sonderbaren Notwendigkeit gedruckt: Die anthropologische Unruhe, sei sie als Nichts oder als Unendliches gedacht, erfindet immer neue Geschichten. Sie präparieren den unabschaffbaren Gedanken, dass nicht alles ist, was in der Welt aufgeht. Die Aporien unserer Existenz sind nicht kassiert. In ihrer Gestalt gewinnt die religiöse Chiffrierung an verlegener Bedeutung, eher im Schattenwurf. Indirekt. Invers. Der Widerstand gegen das Nichts, gegen die Totalität des Todes – er setzt einen feinen Schnitt in das Gewebe unserer Wahrnehmungsmuster. An ihm muss sich reiben, wer von Gott heute sprechen will. Und wer glaubt, ihn hinter sich lassen zu sollen. Die literarischen Gottesabblendungen bewahren den Moment, in dem während einer Nachtfahrt sichtbar wird, was im Dunkeln unserer Orientierungsversuche wartet, jener Übergang der Transzendenz, der sich als Frage, als Suchen, als Interesse, als Beunruhigung zeigt – eben der Augenblick, der im Fernlicht entsteht und über sich hinaus weist.[118] Der Anfang immer neuer Geschichten.

# 3. Die szientifischen Atheismen – naturalistische Korrekturen

Am 7. Juli 2005 veröffentlichte Christoph Kardinal Schönborn einen Gastkommentar in der New York Times unter dem Titel „Finding design in nature".[119] Der Wiener Kardinal reagierte nach eigener Auskunft auf eine überzogene weltanschauliche Interpretation der Evolutionstheorie, die er als neodarwinistisch charakterisierte. Diesem Ansatz einer Deutung der Evolution als rein zufälligem Prozess stellte er den christlichen Glauben an einen göttlichen Schöpfungsplan entgegen. Indem er ihn mit der Vorstellung eines *intelligent design* verband, griff er ein kreationistisch eingeführtes Konzept auf und löste damit eine Grundsatzdebatte über die Verhältnisbestimmung von Naturwissenschaft und Theologie aus.[120] Ihre politische Bedeutung liegt nicht zuletzt in der Offenlegung bestehender Konfliktlinien.[121] Sie markieren im Kontext der „neuen Atheismen" einen wesentlichen Aspekt weltbildförmiger Auseinandersetzung: Im Zuge eines szientifischen Naturalismus werden religiöse Überzeugungen verabschiedet.[122]

## 3.1 Atheistischer Abgesang: Das „Manifest des evolutionären Humanismus"

Auf dieser Linie gibt das „Manifest des evolutionären Humanismus" von Michael Schmidt-Salomon den religionskritischen Ton an.[123] Der Untertitel des Buches macht seinen Anspruch klar: Es geht um die Durchsetzung einer intellektuellen „Leitkultur". Sie wird vertreten von der Giordano Bruno Stiftung, in deren Auftrag Schmidt-Salomon sein Manifest verfasst hat. Flankiert wird es von dem Kinderbuch „Wo bitte geht's zu Gott? fragte das kleine Ferkel", das eine heftige

Diskussion um die Grenzen religionskritischer Auftritte auslöste.[124]

Zwei Stoßrichtungen bestimmen Schmidt-Salomons Ansatz: zum einen die Kritik jeder religiösen Weltanschauung als unwissenschaftlich und im Letzten inhuman, zum anderen das Durchsetzen eines evolutionären Humanismus, der ein „dezidiert *naturalistisches Weltbild*" vertritt.[125]

Für Schmidt-Salomon liegt es auf der Hand, dass Religionen als Welterklärungsmodelle versagt haben. Sie versorgen mit Antworten auf existenzielle Grundfragen, scheiden aber letztlich als Wahrheitskandidaten auch auf diesem Gebiet aus, weil sie sich zu oft als täuschungsanfällig erwiesen haben. Schließlich

> „darf doch stark bezweifelt werden, dass ausgerechnet *sie*, die ja schon bei den *einfachsten irdischen Wahrheiten kläglich versagten* (man erinnere sich nur an die Mär von der ‚Erde als Mittelpunkt des Universums' oder an die angeblich nur wenige Jahrtausende umfassende ‚Schöpfungsgeschichte' etc.), im Falle der so genannten *höheren Wahrheiten* nennenswerte Treffer landen können. Auch der Blick in die Geschichte, die über weite Strecken von religiösen Ideologien bestimmt wurde, vermag kein großes Vertrauen in die ethische Kompetenz religiöser Heilserzählungen einzuflößen."[126]

Der kognitiven Mängelliste entspricht eine ethische. Das ergibt sich bereits aus der Zuordnung von Glauben und Wissen. Die kritische Selbstbeschränkung der wissenschaftlichen Vernunft begründet ihren Mehrwert gegenüber religiösem Glauben. Jener ist von ewig gültigen Wahrheiten überzeugt, jene versichert sich der Fehlbarkeit der eigenen Erkenntnisse. Damit geht ein Gewinn an Humanität einher, weil sich das szientifische Wissen nicht absolut setzt. Ganz anders der religiöse Überzeugungstäter:

> „Während Wissenschaftler wissen, dass sie nur etwas ‚glauben' (= für wahr halten), was heute angemessen erscheint, morgen aber möglicherweise schon überholt ist, glauben Gläubige, et-

was zu wissen, was auch morgen noch gültig sein soll, obwohl es in der Regel schon heute widerlegt ist."[127]

An dieser Stelle bleiben mehrere Aspekte unterbestimmt. Zunächst wird nicht geklärt, welcher Wissensbegriff verwendet und wie er dem Konzept „Glauben" zugeordnet wird. Inwiefern setzt Wissen Glaubensformen voraus? Wodurch wird Wissen gestützt und gerechtfertigt? Wie lässt sich der Wahrheitsbezug des Wissens ausweisen? Die erkenntnistheoretischen Debatten der Gegenwart lassen den Bezug von Glauben und Wissen offen, aber damit zugleich auch problematisch erscheinen. Thomas Schärtl hat herausgearbeitet, dass es „keine klar angebbaren Kriterien für die Bestimmung von Wissen"[128] gibt und

> „dass im Kern von Wissen etwas gegeben ist, das ebenfalls zum Kern von Glauben gehört: ein Moment der Anerkennung – im Sinne der Anerkennung voraussetzungsloser Voraussetzungen, die sagen, wann eine Annahme als gerechtfertigt erscheinen kann".[129]

Dann aber ist der erkenntnistheoretische Konnex von Glauben und Wissen auch im Blick auf religiöse Überzeugungen anders zu fassen. Dies gilt zumal angesichts der selbstkritischen Potenziale religiöser Vorstellungen, wie sie christlich exemplarisch mit den Traditionen negativer Theologie und dem Bestehen auf der Andersheit Gottes zur Geltung gebracht werden. Darüber hinaus muss der Bezugsrahmen religiösen Glaubens präziser bestimmt werden, als es Schmidt-Salomon vorsieht. Glaubensgegenstand ist auch in konkreten Glaubenssätzen, die sich z. B. auf geschöpfliche Wirklichkeiten beziehen, immer die je größere Wirklichkeit Gottes. Der Glaube an Wunder etwa referiert nicht auf das Durchbrechen einer Naturkonstante, sondern bringt die schöpferische Lebensmacht Gottes zur Geltung – und das gilt auch dann, wenn man das Wunder nicht als Sprachform dieser Realität, sondern realistisch auffasst.

Die vorkritische Bestimmung religiösen Glaubens, mit der

Schmidt-Salomon arbeitet, steht im Verdacht, den Gegner gezielt so einzurichten, dass er sich – zumal auf der Basis einer scharfen Kontrastierung – prima facie selbst erledigt. Und zwar erkenntnistheoretisch wie moralisch. Dieser Schematismus unterschätzt nicht nur das rationale Profil religiöser Überzeugungen, sondern erscheint seinerseits fragwürdig. Religion wird in den bekannten Prozeduren einer umfassenden Hermeneutik des Verdachts sortiert. Das führt zu einer Neuauflage einschlägiger Anfragen: Religion ist das Produkt menschlicher Wunschvorstellungen, ihre verschiedenen Konzepte lassen sich psychologisch, evolutionsbiologisch oder systemtheoretisch besser, sprich: im Sinne einer naturalistischen Reduktion rationaler erklären.[130] So lässt sich der christliche Auferstehungsglaube als Resultat einer „Wunschprojektion" aufdecken bzw. als

> „eine nachträgliche literarische Aufwertung einer Legende durch die Übernahme bekannter Fragmente der heidnischen Mythologie. Im Kern ist das Wunder der jesuanischen Auferstehung nämlich nichts weiter als eine 1zu1-Kopie antiker Mythen."[131]

Die erkenntnistheoretischen Voraussetzungen dieser Aufklärungsarbeit bestätigen sich selbstreferentiell. Naturwissenschaftliche Erklärungen erweisen ihre alltagspraktische Funktionalität und weisen ein höheres Maß an theoretischer Konsistenz sowie an Kohärenzverträglichkeit mit anderen erprobten rationalen Praktiken auf und kommen mit einem geringeren Set an hypthesengestützten Zusatzannahmen aus. Ockhams Rasiermesser stutzt in der Hand Schmidt-Salomons die besondere Bedeutung theologischer Narrative wie die eigensinnige Rationalität von Sinnmotiven zurecht, mit denen die Bedeutung der Welt und unserer Existenz bearbeitet wird. Evolutionsbiologisch kann man Gott dann als *„imaginäres Alphamännchen"*[132] beschreiben. Die weltbildförmige Unterlegung der eigenen Interpretation bleibt dabei ebenso unbestimmt wie die jenes szientifischen Naturalismus, der sich im Konzert der „neuen" Atheismen als dominante Stimme durchsetzt. Wer dem Wiener Kardinal – zu Recht – einen Übergriff theologischer Deutung auf naturwissenschaftliches Terrain vorwirft, sollte sich umgekehrt der Gefahr einer Überhöhung z. B. der Evolutionsbiologie als Weltsicht bewusst sein. Genau auf dieser Basis argumentieren aber nicht wenige der neuen atheistischen Religionskritiken.

## 3.2   Eine neu belebte Polemik: Richard Dawkins und die Macht der Meme

Religion ist etwas für leichtgläubige Menschen.[133] Der prominente Evolutionsbiologe Richard Dawkins ist deshalb angetreten, die Menschheit über die Wurzeln eines falschen Bewusstseins aufzuklären. Aus seiner Sicht hat sie sich noch nicht hinreichend über die Reichweite und Konsequenzen der eigenen naturalistischen Existenzbedingungen informiert. Sie veranlassen das Bewusstsein dazu, die Existenz eines Gottes zu simulieren. Sie legen den transzendenten Grund einer Wirklichkeit nahe, die wir noch nicht vollständig durchschauen und also erklären können. Aber das muss nicht so bleiben. Schließlich leben wir in einer Zeit,

> „in der die Menschheit an die Grenzen ihrer Verständnisfähigkeit klopft. Und was noch besser ist: Vielleicht entdecken wir am Ende, dass es keine Grenzen gibt."[134]

Am Ende seines Bestsellers mit atheistischem Bekenntnisaffekt[135] hebelt Dawkins eine religionsphilosophische Grundfigur aus: die Grenze. Diese Chiffre legte ganze Anthropologien auf. Den Menschen soll grundsätzlich kennzeichnen, dass er über sich hinaus ist und sich als endliches Wesen auf Unendliches bezieht – mindestens als beunruhigende intellektuelle Attacke, als Artikulation unabfindbarer Fragen.[136] Dawkins verändert den Nennwert dieser Grenzbetrachtung. Er überschreitet sie, indem er jede Form einer erkenntnistheoretischen Grenze virtualisiert. Prinzipiell muss es keine Begrenzung unseres Wissens geben. Damit verliert sich, was Menschen jenseits der Grenze des Denkbaren als ihren letzten Grund vermuteten, erhofften, erklärten. Dawkins legt seine Leserinnen und Leser auf eine Option fest, die einmal greifen kann. Vor ihren Augen entsteht ein Mensch, für den es biologische, aber keine kognitiven Grenzen mehr gibt.

Zugleich legt Dawkins eine Grenze der eigenen Interpretationsarbeit offen: Sein Ziel sind *„letztgültige* darwinistische Erklärungen".[137] Welterklärung und Weltdeutung werden aneinander gekoppelt, allerdings ohne die implizite Ontologie der eigenen Weltsicht kritisch zu bewerten. Sie beruht auf einem umfassenden evolutionsbiologischen Programm. Es codiert den Menschen. Religion als „Simulationssoftware"[138] entsteht aus dem natürlichen Verlangen nach Sinnmustern.[139] Indes kommt auch der Darwinist nicht ohne sie aus.[140] Seine eigene Grenze liegt in der Festlegung auf den weltbildförmigen Naturalismus, mit dem er die Position des Atheisten definiert:

> „Gedanken und Gefühle der Menschen *erwachsen* aus den äußerst komplizierten Verflechtungen physischer Gebilde im Gehirn. Ein Atheist oder philosophischer Naturalist in diesem Sinn vertritt also die Ansicht, dass es nichts außerhalb der natürlichen, physikalischen Welt gibt: keine *über*natürliche kreative Intelligenz, die hinter dem beobachtbaren Universum lauert, keine Seele, die den Körper überdauert, und keine Wunder außer in dem Sinn, dass es Naturphänomene gibt, die wir noch nicht verstehen. Wenn etwas außerhalb der natürlichen Welt zu liegen scheint, die wir nur unvollkommen begreifen, so hoffen wir darauf, es eines Tages zu verstehen und in den Bereich des Natürlichen einzuschließen."[141]

In diesem Zusammenhang wird erneut das Faktum präpariert, dass sich der Mensch zumindest ex negativo auf ein *Außerhalb* bezieht. Solange der Mensch fragen kann, bleibt ihm offensichtlich auch im Modus der Selbstaufklärung über die Funktionsweisen seines Gehirns der Bezug auf eine formale Transzendenz, auf den Exzess der Gedanken und seiner Existenz erhalten. Weil er die vielfältigen Welten von Ideen bezieht; weil er Zukunft – z. B. wie Dawkins in seiner Hoffnung auf eine vollständige naturalistische Explikation – projektiert; weil er imaginativ und real gleichermaßen ist, hebt sich der Mensch aus dem Gegebenen heraus. Die unterschiedlichen Interpretationen dieses Umstands markieren die Unausweichlichkeit, sich im Verstehen über sich hinaus zu entwerfen, denn Verstehen konstruiert Welten in Form von Sichtweisen. Man verfügt nicht schlechthin über sie. Man kann ihnen keinen letzten Grund unterlegen, es sei denn, man verfüge über jenen Gottesstandpunkt, den Dawkins so energisch bestreitet.

Innerhalb seiner Theoriebildung hat er ihn nicht nur von Anfang an bezogen, sondern verschleiert. Sein „atheistische(r) Stolz"[142] veranlasst ihn zu einer Botschaft an die Welt:

> „dass Atheist zu sein ein realistisches Ziel ist, noch dazu ein tapferes, großartiges Ziel. Man kann als Atheist glücklich, ausgeglichen, moralisch und geistig ausgefüllt sein."[143]

Dawkins erschließt Sinn-Horizonte, verzichtet aber darauf, sie noch einmal konsequent zu naturalisieren. Die eigene Deutung ist eine Interpretation, die sich moralisch auflädt und ein umgekehrtes metaphysisches Bewusstsein erzeugt. Es handelt sich um das Wissen von einer Wirklichkeit, die als gegebene alles erklärt. Der Schritt hin zu dieser Deutungsebene wird erkenntnistheoretisch nicht mehr geklärt. Entsprechend suspendieren seine „darwinistische(n) Gründe"[144] für das moralische Verhalten jede wirkliche Ethik-Begründung. Das „egoistische Gen" erlaubt aus Gründen der Selbsterhaltung das altruistische Arrangement.[145] Der konsequente Utilitarismus basiert auf einem Naturalismus. Weil der Mensch ist, wie er ist, folgt er einem Verhaltensmuster, für und gegen das nicht ethische Argumente ins Feld geführt werden können, sondern letztlich nur seine natürliche Ausstattung. Die Natur wird als Funktionszusammenhang erfasst, zugleich aber Funktionalität als biologische Systemtheorie statuiert. Über ihre Stellung im System gibt Dawkins keine Auskunft mehr. Sie bleibt eine blinde Stelle.

Das hat ernsthafte Folgen für den erkenntnistheoretischen Status des Unternehmens. Vergeblich sucht man nach einer Feinunterscheidung von evolutionstheoretischer Beobachtung und ihren Deutungsfermenten. Mit der funktionalen Beschreibbarkeit von Religionen wird unmittelbar ihre vollständige Erklärung gesetzt. Weil Unsterblichkeit eine Ursehnsucht des Menschen ausmacht, handelt es sich um „Wunschdenken".[146] Sie erscheint „objektiv unplausibel".[147] Dieses Urteil verlangt bei Dawkins keine weitere Begründung. Im Raum unserer Erfahrung findet sich kein Beweis für Immortalität. Was die Grenze des Todes überschreitet, exemplarisch die Erfahrung des Paulus, dass der gekreuzigte Jesus von den Toten auferweckt wurde, erscheint vorab als kompensatorischer Eingriff unserer Deutungsnatur.[148] Die evolutionsbiologisch bestimmten erkenntnistheoretischen Voraussetzungen leiten die entsprechende Einschätzung an. Damit kann sich die Argumentation nur selbst bestätigen. Ihre Plausibilität hängt an der Evidenz der evolutionstheoretischen Fakten und ihrer Verarbeitung, die vorab ausschließen sollen, was der christliche Glaube als Geltungsgrund beansprucht: ein singuläres geschichtliche Ereignis, die Auferweckung des Gekreuzigten, an dem nach Paulus (1 Kor 15) die Wirklichkeitssicht der Christin hängt.

Wenn man aber letztlich ohne den religiösen Selbsttäuschungspakt besser lebt, bleibt als Erklärung nur, dass religiöse Deutungen leichter und schneller zu integrieren sind. Sie schlagen den Weg einer explanatorischen „Abkürzung" ein.[149] Unsere natürliche Neigung zu möglichst einfachen Erklärungen wird bedient. Das wechselseitige Erklärungsprinzip von Nutzen und Anpassung lässt den religiösen Menschen als entwicklungspsychologisch regressiv erscheinen. Ihm fehlt das Bewusstsein für den Missbrauch religiöser Placebos, für die Fehlschaltungen seiner religiösen Disposition.[150] Diese hängt mit einem evolutionär erworbenen Selektionsvorteil zusammen:

> „Die natürliche Selektion stattet das Gehirn eines Kindes mit der Neigung aus, den Eltern oder Stammesältesten alles zu glauben, was sie erzählen. Ein solcher vertrauensvoller Gehorsam dient wie bei der Motte, die sich am Mond orientiert, dem Überleben. Aber die Kehrseite des vertrauensvollen Gehorsams ist sklavische Leichtgläubigkeit. Das unvermeidliche Nebenprodukt ist die Anfälligkeit für Infektionen mit geistigen Viren.“[151]

Religionen lassen sich von daher als evolutionäres „Nebenprodukt" beschreiben.[152] Was den erkenntnistheoretischen Schritt als solchen legitimiert, bleibt allerdings offen. Was gewährleistet seine Evidenz? Für Dawkins bleibt es beim Ablauf funktionaler Reihenbildungen. Kulturgeschichtlich erfolgreich, vererbt sich die Ausstattung des Menschen an die folgenden Generationen. Der versprochene Vorteil des religiösen Glaubens stattet mit diesem Interpretationsprogramm aus – nach Dawkins handelt es sich um eine jener „Einheiten der kulturellen Vererbung"[153], die er als Meme identifiziert. Durch Rekombination, Mutation und Selektion werden Religionen vererbt – sie verändern sich, sterben in konkreten Fassungen und kreieren neue Konzepte. Das kulturanthropologische Programm aber bleibt als Disposition im menschlichen Mempool erhalten.

Damit ist freilich noch nichts über den Grund dieser Ausstattung ausgesagt. Für Dawkins sind alle religiösen Erklärungsmuster der Wirklichkeit gescheitert. Sie führen eine transzendente Ursache ein, die es geben kann oder auch nicht, über deren Existenz sich aber in dieser Welt keine Anhaltspunkte finden. Seine Gesprächspartner, Kreationisten und theologische Rationalisten, fügen Gott als Weltformel ein.[154] Der erste Beweger müsste jedoch nachweisen, woher er stammt, und das teleologische Prinzip scheitert an den zufälligen Schritten in der natürlichen Selektion des Lebens.[155]

Neben vielen Details, über die großen und kleinen polemischen Eingriffe hinaus, jenseits der Karikaturen religiöser

Überzeugungen wie z. B. der Trinität[156] und vieler anderer Verzeichnungen, unterläuft Dawkins ein entscheidender Fehler. Er sitzt einem falschen theologischen Grundmodell auf. Gott kann als Totalisator eines Welterklärungsprogramms eingesetzt werden, und Dawkins kritisiert entsprechende evangelikale Bemühungen ebenso zurecht wie den zynischen Rationalismus eines Richard Swinburne, der die Shoa als Anlass zur menschlichen Selbstvervollkommnung verrechnet.[157] Hier wird Gott zum Funktor der eigenen Vorstellungen. Er tritt als Vertragspartner der menschlichen Vernunft auf, die letzte Erklärungen verlangt. Auch Dawkins übernimmt dieses Interesse, indem er es konsequent naturalistisch auslegt und damit nur anders formatiert.

Stattdessen erscheint das Muster als solches religionsphilosophisch aufschlussreich. Verwiesen zu sein auf letzte Gründe, die sich menschlich nicht abschließend aufdecken lassen, markiert eine Spannung in der menschlichen Existenz. Sie bleibt gerade in ihrer evolutionsbiologischen Rekonstruktion theologisch anschlussfähig. Gott offenbart sich in der Geschichte und im Menschen als seine innerste Ausrichtung. Der Gott der Bibel manifestiert sich in der Schöpfung, ohne in ihr aufzugehen. Die christologische Sprache des Konzils von Chalkedon (451) besteht auf dem Zueinander des *ungetrennt* und *unvermischt* in der göttlichen und menschlichen Natur Jesu Christi. Nicht nur dass die Trinitätstheologie auf dieser Basis eine komplexe Grammatik der Wirklichkeit anbietet, nämlich Relation als ihr Grundprinzip zu entdecken, sie unterzieht auch jede Gottesbestimmung einer notwendigen Komplizierung. Von der Offenbarung Gottes, von seiner Ansprechbarkeit und Gegenwart ist nur im Modus seiner bleibenden Verborgenheit zu sprechen. Gott als das, was unserer Wirklichkeit Grund gibt, offenbart sich in der Welt; er ist welthaltig und zugleich nicht ihr Aspekt. Das Gottesprogramm von Richard Dawkins stellt sich dieser Herausforderung nicht mehr. Seine Destruktionspolitik läuft in den Voraussetzungen leer, die seine Textmaschine antreiben. Er hätte einen anderen intellektuellen Gang einlegen müssen – als Automatik im Leerlauf der Vorurteile kommt seine Kritik nicht recht von der Stelle.

## 3.3  Der kognitive Nischengott: Pascal Boyers neurologischer Konstruktivismus

Richard Dawkins' evolutionsbiologischer Ansatz arbeitet mit einer konsequenten Naturalisierung des Geistes und seiner Funktionsweisen. Neurowissenschaftlich stehen sie im Mittelpunkt der Aufmerksamkeit.

> „Die Erklärung religiöser Überzeugungen und Verhaltensweisen ist in der Art und Weise zu suchen, wie der Geist des Menschen funktioniert. Ich meine tatsächlich den Geist *des* Menschen und nicht bloß den der *religiös* empfindenden Menschen oder gar nur *einiger* religiös empfindender Menschen. Ich spreche also vom Geist des *Menschen*, denn worauf es hier ankommt, das sind die Eigenschaften des Geistes, wie sie bei allen Gattungsangehörigen mit normal funktionierendem Gehirn anzutreffen sind."[158]

Pascal Boyer untersucht die kognitiven Orientierungsmuster religiöser Akteure. Der Titel seiner 2002 veröffentlichten Studie legt seine Interpretationsrichtung frei: „Et l'homme créa les dieux". Der Ursprung der Religion ist im menschlichen Gehirn zu suchen. Das Gehirn enthält und aktiviert „Erklärungspläne, die genauer Erkenntnissysteme heißen".[159] Religion basiert auf einem solchen Formular der Wirklichkeitsverarbeitung. Das menschliche Gehirn schafft Gott. Die „kognitive Nische"[160] des Menschen in der Natur, seine evolutionär gewonnene Fähigkeit, auf der Basis seiner kognitiven Orientierung zu überleben, verlangt nach Deutungen des Gegebenen, die besonders virulent werden, wo sie hohe Anpassungsleistungen erfordern. Das gilt nicht zuletzt für Grenzfragen unserer Existenz.

Auf dieser Basis bietet Boyer eine Reformulierung religionsfunktionalistischer Erklärungsmodelle an. Religion entsteht nicht monokausal aus einem Bedarf z. B. an Kontingenzbewältigung oder Gemeinschaftsbildung. Beides spielt eine Rolle. Aber entscheidender ist die Disposition unseres Gehirns dafür, Weltdeutungen hervorzubringen, die auch Raum für *übernatürliche* Erklärungsoptionen lassen. Am Beispiel der Verbindung von Religion, Moral und Gesellschaft verdeutlicht:

> „Dass wir eine Idee von Göttern oder Geistern haben, macht sittliche Regeln nicht eigentlich *zwingender*, dafür gelegentlich *intelligibler*. Götter haben wir also nicht, damit die Gesellschaft funktioniert. Vielmehr haben wir Götter unter anderem deswegen, weil wir ein mentales Equipment unser Eigen nennen, dank dessen Gesellschaft möglich wird, aber wir sind nicht immer in der Lage zu begreifen, wie die Gesellschaft funktioniert."[161]

Der Mensch ist ein soziales Wesen, ausgestattet mit Formen sozialer Intelligenz. Sie lassen sich unterschiedlich artikulieren. In Deutungszusammenhängen eingesetzt, können sie eine besondere Eigenschaft unseres Gehirns nutzen. Der Mensch verfügt nämlich über ein evolutionär herausgebildetes und vermitteltes, „auf unsichtbare Gefahren spezialisierte(s) Erkenntnissystem".[162] Man muss also nicht von einem *religiösen Zentrum* im Gehirn sprechen, das sich physiologisch nicht nachweisen lässt.[163] Man muss auch nicht nach angeborenen religiösen Vorstellungen suchen.[164] Vielmehr besitzt der Mensch die Fähigkeit, mentale Schemata zu aktivieren und Informationen so zu verarbeiten, dass er sich mit ihnen in seiner Umwelt arrangieren kann. Hier haben religiöse Überzeugungen ihren Ort. Sie werden vom Menschen gemacht, indem die Alltagswelt mit ihrem Input an impliziten ontologischen Vorstellungen durch religiöse Konzepte modifiziert wird. Ausgangspunkt von Religionen ist demnach nicht ein Bedürfnis, sondern die Funktionsweise unseres Gehirns.

Das Problem von Religionen liegt in ihrer Opposition zu

den angesprochenen Alltagsontologien. Nach Boyer entwickeln sie abweichende Vorstellungen. Die Wirklichkeit wird mit „Zusatzkategorien"[165] bearbeitet. Die Vorstellung von einer Jungfrauengeburt bedeutet exemplarisch einen „ontologische(n) Verstoß".[166] Die besondere Anpassungsleistung, die das Welterklärungssystem Religion ausmacht, markiert gleichzeitig seinen Defekt. Bei religiösen Überzeugungen handelt es sich um „mentale Prozesse", die „von klaren und fundierten Überzeugungen weglotsen".[167] Die experimentelle Psychologie konnte sie auf Vorgänge zurückführen, die allgemein gelten, aber gerade für die Entstehung religiöser Vorstellungen hinreichende Erklärungen bieten. Dazu zählen Erinnerungstäuschungen, die Einpassung eigener Wahrnehmungen in gegebene Deutungsformate, Bestätigungstendenzen, mit denen man eigene Überzeugungen decken kann, indem Belege aufgenommen und Widersprüche ausgeschieden werden, und nicht zuletzt die „*Verminderung kognitiver Dissonanz*":[168]

> „Menschen neigen dazu, erinnerte Überzeugungen an Eindrücke, die aus neuer Erfahrung stammen, anzupassen. Werden sie durch irgendeine Information veranlasst, sich einen bestimmten Eindruck von einem Menschen zu machen, dann meinen sie oft, sie hätten diesen Eindruck schon immer gehabt, auch wenn ihr früheres Urteil genau das Gegenteil besagte."

Die Selbstimmunisierung religiöser Überzeugungen lässt sich hier verorten: ihre Tendenz zur Selbstbestätigung auch angesichts entgegenstehender Fakten. Sie provozieren den Verstoß gegen die gelebten Ontologien der empirisch erfassbaren Wirklichkeit.

> „Die meisten Religionen verstoßen regelmäßig gegen das Gebot der Widerspruchsfreiheit, ja manche Behauptungen *sollen* geradezu dagegen verstoßen. Den Skeptikern verschlägt es die Sprache, wenn sie die vom Christentum vertretenen Auffassungen hören: Drei Personen sind nur eine einzige; Gott ist allmächtig, obgleich wir frei handeln können; und was dergleichen offenkundig unlogische Sätze mehr sind."[169]

Religionen kommen ohne letzte Beweise aus oder entziehen ihre Belege jeder Form wissenschaftlicher Überprüfbarkeit.[170] Sie funktionieren im Zuge von „Abweichungen vom normgerechten Schließen".[171] Demgegenüber soll Boyers Religionstheorie „mit kognitionswissenschaftlichen Mitteln zu eindeutigen Erklärungen gelangen".[172] Religion ist das Resultat einer Verschaltung komplexer kognitiver Vorgänge. Das heißt konkret:

> „Versuchsreihen konnten belegen, dass es unterschiedliche Erkenntnissysteme mit je besonderen Inputbereichen gibt. Religiöse Signale aktivieren bestimmte, ausgewählte Systeme, und das wiederum erhöht die Wahrscheinlichkeit, dass im menschlichen Geist religiöse Vorstellungen gebildet werden, dass sie intuitiv plausibel erscheinen, dass jemand mit ihrer expliziten Ausformulierung einverstanden ist und dass Einflüsse, wie sie etwa von Wissenschaft ausgehen, ihr nichts anhaben können."[173]

Bedingt sind sie wiederum durch die „unsichtbare Hand der kulturellen Evolution".[174] Unser Gehirn ist dabei so angelegt, dass es auch erlaubt, „einem unwirklichen Nichts Wohnstatt und Namen zu geben".[175] Wir glauben, was sich als Interpretation nahe legt; was leicht überzeugt. Religion funktioniert von daher wie Ethik als „Adaptionsstrategie".[176] In der Gestalt von Ritualen verarbeitet man etwa Interaktionsprobleme. Man schafft Gemeinschaft und orientiert sich zugleich in ihr gerade an den Schnittstellen, die problematisch erscheinen – an Übergangszonen, bei Störungen, mit Regelungsnotwendigkeiten. Menschen produzieren immer neuen Interpretationsbedarf für ihre Lebenswelten. Religiöse Rituale kompensieren soziale Deutungsüberhänge, die nicht zuletzt deshalb auftreten, weil der Mensch sich evolutionär in weniger komplexen systemischen Einheiten herausgebildet hat. Der religionstheoretische Schluss liegt nahe: Religion wird verschwinden, wenn sich der Mensch über seine eigene Herkunft und die Funktionsweisen seines Gehirns aufgeklärt und die eigenen kognitiven Mechanismen begriffen hat.

Das lässt sich an einem Beispiel verdeutlichen, das für religiöse Überzeugungen immer eine besondere Bedeutung hatte: dem Tod. Seine religiöse Auffassung lässt sich als Konzeptualisierung einer Wahrnehmungsstörung begreifen. Nach Boyer löst der Übergang des toten Körpers in einen anderen Aggregatzustand emotionale und kognitive Unruhe aus. Zwei mentale Systeme melden Störungen im normalen Ablauf: das „Belebtheitssystem"[177], mit dem die Unterscheidung von lebendigen und unbelebten Objekten getroffen wird, sowie das „Personenregistriersystem"[178], mit dem Menschen mental sortiert werden. Den Übergang vom Leben zum Tod materialisiert die Leiche.

> „Ihr Anblick aktiviert unterschiedliche Systeme aus unterschiedlichen Gründen. Tote Körper gelten als Quelle der Verunreinigung, weil die vom Ansteckungssystem gelieferten unmittelbaren Gewissheiten logisch so interpretiert werden; sie fesseln unsere Aufmerksamkeit, weil verschiedene mentale Systeme intuitive Gewissheiten über sie liefern, die einander widersprechen; sie entfalten besonders starke emotionale Wirkung, weil wir persönliche Beziehungen zu ihnen haben; sie rufen Grauen hervor, weil sie mentale Schemata aktivieren, dank deren wir seit jeher gefährlichen Lebewesen ausweichen, von denen wir als Beute gejagt werden."[179]

Die religiösen Todesdeutungen nutzen die evolutionär erworbenen, „für das Übernatürliche angelegten Schablonen"[180], die interpretativ offen, also nicht religiös im engeren Sinn festgelegt sind. Sie entzünden sich nicht am Problem des Todes, sondern in der Konfrontation mit dem toten Körper. Die Kritik an religiösen Systemen verschiebt sich damit entscheidend. Sie hat ihren Ort in der mentalen Kognition, und eben dort kann damit der Ursprung von Religion festgemacht werden.

Gerade mit seiner konsequenten Naturalisierung entstehen jedoch die Bedeutungsfragen, die mit dem toten Körper auch den eigenen sozialen Verlust, die Störung im rezeptiven System als solche wahrnehmen. Die Bedeutung des Nichts, das sich in der Leiche materialisiert, stößt jene Reflexionsprozesse an, für die Religionen immer wieder aufkommen. Da auch die eigenen naturalistischen Interpretationsmuster sich rational an der Grenze zum Nichts nicht selbst abschließen können – es sei denn im Modus jener Immunisierungsstrategien, die Boyer für religiöse Überzeugungen in Anschlag bringt –, lässt sich das Nachdenken über die existenzielle Bedeutung eines erfahrenen Verlust, die Trauer über den Tod, die Konfrontation mit dem Nichts und die Frage nach dem Überschuss unserer fragenden, suchenden Existenz nicht mit dem Hinweis abschließen, dass dies evolutionär herausgebildet sei. Denn auch dieser Prozess ist faktisch mit Bedeutungsfragen aufgeladen.

„Was wir begreifen wollen, wird hier bereits vorausgesetzt."[181] Boyer hat religiöse Vorstellungswelten im Blick. Präzisiert: Religion als „besondere Form mentaler Epidemie".[182] Was aber ist mit Boyers eigenen Voraussetzungen? Sie werden nicht zuletzt dadurch belastet, dass sie komplexe theologische Theorien nicht auf der Höhe ihrer Problemstellungen erreichen – exemplarisch weder die christliche Ausarbeitung des trinitarischen Monotheismus noch den Glauben an ein Leben nach dem Tod. Letztlich beansprucht Boyer, neurologisch anders verortet, jenen religionsfunktionalistischen Zugriff auf Religion, den er eingangs nicht nur selbst als unterkomplex problematisiert[183], sondern der sowohl die offenen Bedeutungsfragen von Transzendenz wie auch die Frage nach ihrer Wirklichkeit kaum angemessen abzugelten vermag.[184]

## 3.4 Die Evolution Gottes: Daniel Dennetts konsequentes Naturalisierungsprogramm

Was Dawkins und Boyer verbindet, ist im Rahmen des geteilten naturalistischen Paradigmas die Auffassung, dass es sich bei religiösen Überzeugungen letztlich um einen Virus[185] oder gar eine „Epidemie"[186] handelt. Den polemischen Affekt, der sich mit dieser Einschätzung verbindet, versucht Daniel Dennett in seiner Analyse der „Religion als natürliches Phänomen" zu überwinden.[187]

Dennett schließt sich der Mem-Theorie von Dawkins an und fragt nach den Bedingungen und Konsequenzen der kulturellen Selektion, die das Entstehen von Religion erlaubt hat.[188] Damit verbindet sich eine evolutionstheoretische Matrix, wonach alles, was entsteht, seinen Preis, aber auch seinen Nutzen hat.[189] Nichts besitzt einen Wert in sich, sondern ist Teil eines instrumentellen Prozesses.[190] Man muss ihn sich als komplexen Vorgang vorstellen, der jeden monokausalen Reduktionismus ausschließt. Damit fallen vereinfachende Religionskritiken aus dem Tableau der Argumente heraus. Dennetts Blick richtet sich auf die anonymen und gerade so höchst erfolgreichen, in der Rekonstruktion höchst rational erscheinenden Entwicklungsschritte, die zur Religion führen.

> „Blinde, richtungslose evolutionäre Prozesse ‚entdecken' Gestaltungskonzepte, die funktionieren. Sie funktionieren deshalb, weil sie verschiedene Eigenschaften haben, die sich rückblickend so beschreiben und bewerten lassen, *als ob* sie intendierte Geistesprodukte intelligenter Designer wären, die das gestalterische Grundprinzip im voraus ausgearbeitet haben."[191]

Die Natur setzt so etwas wie eine „ökonomische Vernunft der Tauschgeschäfte der Koevolution" in Gang.[192] Sie arbeitet mit zufälligen Elementen der Auswahl, die sich bewähren oder nicht. Ihr Kriterium ist „die biologische *Fitneß*: die Fähigkeit, sich erfolgreicher zu vermehren als die Konkurrenz."[193]

In diesem Zusammenhang hält Dennett fest, dass es Religion nicht immer gab – jedenfalls existieren erst relativ spät direkt zuweisbare Indizien, die Dennett mit den Cro-Magnon-Begräbnisstätten auf ein Alter von 25.000 Jahren datiert.[194] Ob bereits vorher etwas wie Religion existierte, will er offen halten, geht aber gleichzeitig davon aus, dass es einmal eine Zeit ohne Glauben gab.[195] Hier wird bereits eine Grundentscheidung wirksam. Wenn man Religion als Transzendenzfähigkeit mit der Entwicklung des *homo sapiens sapiens* verbindet[196], verschiebt sich das Frageprofil. Dann ist nicht allein entscheidend, wann man religiöse Zeugnisse direkt nachweisen kann. Wenn man stattdessen auf der Basis einer anthropologischen Differenzierung den modernen Menschen in seiner Kompetenz bestimmt, sich reflex zu seiner Welt und sich selbst zu verhalten, ist Religion Aspekt seines natürlichen Handlungsrepertoires. Die Frage nach der Entstehung von Religion wäre dann an die nach der Evolution des Menschen koextensiv gekoppelt. Religion muss unter diesen Bedingungen nicht zwingend als nachträgliches oder zusätzliches Moment des menschlichen Weltverhaltens verstanden werden.

Die Frage nach der evolutionären Bedeutung von Religion verschwindet damit nicht, sondern wird forciert. Im Horizont möglicher Entstehungsszenarien muss sich ihre Valenz und Leistungsfähigkeit ermitteln lassen. Da sich das biologische Material im Sinne des Ansatzes nur kulturell vermittelt erreichen lässt, verbietet sich jede direkte Zuordnung. Stattdessen wählt Dennett ein Set von biologischen Erklärungszügen, die sich für die Interpretation von Religion als natürliches Phänomen anbieten. Dazu gehören die komplexen Orientierungsmuster, die der Mensch herausgebildet hat, um sich umweltstabil verhalten zu können. Überlebenswichtig ist die Fähigkeit, alles, was begegnet, als solches identifizieren und einordnen zu können. Das Tier, das entgegentritt, wird in seinen möglichen Handlungsschritten wahrgenommen: als Gefahr, als Teil der Nahrungskette etc. Die Ausbildung intentionaler Wahrnehmungsformen differenziert sich zu einem komplexen System von Annahmen und fortlaufenden Annahmen über Annahmen aus. Das hat zur Folge, dass man erstens mit Virtualisierungen arbeiten muss und dass zweitens der Verlust von intentionalen Akteuren ein Bearbeitungsproblem darstellt:

> „Unser angeborener Drang, die intentionale Einstellung anzunehmen, ist so mächtig, daß wir echte Schwierigkeiten haben, ihn abzustellen, wenn er nicht mehr angebracht ist. Wenn jemand, den wir lieben oder einfach nur gut kennen, stirbt, müssen wir plötzlich eine gewaltige kognitive Aktualisierung vornehmen: Alle unsere Denkgewohnheiten müssen so abgeändert werden, daß sie auf eine Welt passen, die um ein vertrautes intentionales System ärmer geworden ist."[197]

Die Trauer um den Verlust verbindet sich mit der Bearbeitung der intentionalen Leerstelle. Die Fähigkeit zur Behandlung von Phänomenen als intentional bedeutsam gestattet den nächsten Schritt: die Verlängerung der Intention, die selbst bereits virtuell aufgelegt ist, in die Virtualisierung des verlorenen Akteurs. Fortan kann er als Geist oder als Ahn den Status einer *virtuellen Person*[198] annehmen. Aus diesem Vorgang entwickeln sich Verhaltensdispositionen, die sich memetisch ausdifferenzieren und tradieren lassen.

> „Das führte unsere Vorfahren noch immer nicht zur Religion, aber es führte dazu, daß sie ihre Denkgewohnheiten beständig – ja sogar zwanghaft – einübten und verfeinerten."[199]

Der explanatorische Übergang ist aufschlussreich. Aus möglichen Erklärungsformaten werden Deutungstatsachen:

> „Am Ursprung des menschlichen Glaubens an Gott steht ein sehr leicht auszulösender Instinkt: der Hang, allem, was kompliziert ist und sich bewegt, *Akteurschaft* – Annahmen, Wünsche und andere psychische Zustände – zuzuschreiben."[200]

Mehr noch. Es zeichnet sich sofort eine kognitive Schieflage ab. Religion erscheint als Resultat einer erkenntnistheoretischen Fehlleistung. Sie basiert auf dem so genannten *hyper-*

*aktiven Akteurserkennungsapparat* des Menschen (HADD): man ordnet falsch zu bzw. sieht mehr und agiert heftiger, als objektiv erforderlich oder angebracht.[201] Für Dennett liegt damit ein Religionsprozessor auf der Hand:

> „Die Fehlalarme, ausgelöst von unserer übereifrigen Neigung, überall, wo etwas passiert, nach Akteuren zu suchen, sind die Irritationen, um die herum die Perlen der Religion wachsen."[202]

Die Fähigkeit, über sich hinaus zu gehen, wird hier auf eine psychisch-kognitive Fehlleistung reduziert. Sie basiert auf der direkten Zuschreibung eines nur indirekt interpretierbaren Materials. Die Deutung behält Indizienwert, scheidet aber als alleinige Erklärung des markierten Verhaltens aus. Darüber hinaus wäre spezifisch religionspsychologisch wie historisch zu fragen, ob nicht gerade Religionen als Korrektiv falscher bzw. überzogener Interpretationseinstellungen funktionieren können.[203] Von daher bietet sich nicht nur ein komplexeres Konzept von Religion an[204], sondern die religionskritische Festlegung auf ihre Entstehung aus erkenntnistheoretisch zweifelhaftem evolutionärem Wurzelgrund heraus erscheint problematisch.

Auch in seiner weiteren Darstellung baut Dennett auf der entscheidenden Bedeutung des HADD für die Evolution der Religion auf. Die Produktion von fiktiven Akteuren verlangt ihre Abgleichung mit der erfahrenen Wirklichkeit und erfordert in dem Maße Umstellungen, Korrekturen und Neucodierungen, in dem sich das menschliche Weltwissen verändert.

> „Im Zuge des Wachstums der menschlichen Kultur und der Zunahme der menschlichen Reflexionsfähigkeit wurde aus der Volksreligion die organisierte Religion; mit der Domestizierung der Religion wurden die freischwebenden Grundprinzipien der früheren Entwürfe durch sorgfältig ausgearbeitete Gründe ergänzt oder teilweise abgelöst."[205]

Eine besondere Rolle spielt in diesem Prozess notwendiger Komplizierung die religiöse Rationalisierung. Der Abgleich von Wissensformen bringt religiöse Überzeugungen dort unter Druck, wo sie in Konkurrenz zu naturalen Erklärungsmustern stehen. Der Zweifel führt zur Umgestaltung von religiösen Überzeugungen: durch Anpassung des Konzepts an das neue Wissen oder durch seinen Entzug im Zuge seiner Mystifizierung. Hier hat die religiöse Rede vom Geheimnis, von radikaler Transzendenz, von der Unbegreiflichkeit Gottes etc. ihren Ort. Auf diese Weise wird der Glaube aus dem Raum seiner möglichen Entzauberung ausgelagert.

> „Dieses Ausmustern führt dazu, daß sich eine spezielle Teilmenge kultureller Elemente hinter dem Schleier der *systematischen* Unangreifbarkeit isolieren kann – ein Muster, das fast überall in menschlichen Gesellschaften anzutreffen ist."[206]

Hier ist dann auch die Grenze von „(Proto-)Wissenschaft und (Proto-)Religion" anzusetzen.[207] Letztere immunisiert sich vor Gegengründen und entzieht sich jeder Überprüfung.[208] Die Geschichte der religiösen Täuschungen, Lügen und Verschleierungen hat hier ihren funktionslogischen Ausgangspunkt.[209] Er bestätigt die evolutionsbiologische Frage nach dem Nutzen dieser Entwicklung. Die Stabilisierung des religiösen Glaubens liegt im systemlogischen Eigeninteresse.

> „Je mehr man in seine Religion investiert hat, desto größer ist die Motivation, diese Investition abzusichern."[210]

Die gewaltförmigen Explosionen im Zeichen von Religionen gehören in diesen Zusammenhang. Die Stabilisierung des eigenen Wahrnehmungssystems munitioniert ihn ebenso wie die damit verbundenen psychischen, ethischen und sozialen Leistungen, die sich mit Religionen systemproduktiv verbinden. Dabei tritt ein besonderes Phänomen auf: der *Glaube an den Glauben*[211], sprich: seine Komplizierung. Sie vollzieht sich im Übergang von personalen Gotteskonzepten hin zu immer abstrakteren, die sich vom angestammten religiösen Glauben lösen. Zugleich vollzieht sich damit eine zunehmende Distanzierung im Glauben selbst, der die Unglaubwürdigkeit der überkommenen Glaubensvorstellungen reflexiv integrieren muss. Das führt zum Unterschied vom Glauben an Gott zum Glauben an den Glauben. Man hält an ihm fest, weil er als Tradition verpflichtet oder als ethischer wie als Sinn-Garant unverzichtbar erscheint.

Indes lassen sich für Dennett nach dem intellektuellen Kollaps der Gottesbeweise keine rationalen Gründe mehr aufbieten, die den Glauben an Gott rechtfertigen könnten. Aber auch der Glaube an den Glauben erodiert. Er legt sich implizit auf jenen Nutzen fest, der evolutionsbiologisch seine Entstehung bestimmt. Nur dass sich die Funktion des Glaubens als Bewahrer der Moral oder als Sinnstiftung durch alternative, nicht-religiöse Strategien ebenso einlösen lässt. Die Evolution des Glaubens scheint von daher auf dem Umweg des immer substanzloseren Glaubens an den Glauben zu einer letzten Aufklärung über seine evolutionären Gründe zu führen. Mit ihnen wird transparent, dass der religiöse Glaube nichts als ein – komplex generiertes – Funktionsmoment in der Entwicklung des Menschen darstellt. Einmal durchschaut, verfällt er dem Tod jener Zaubertricks, die nicht mehr faszinieren können, wenn man ihre Logik einmal verstanden hat.

Zumal angesichts der desaströsen Konsequenzen religiöser Einstellungen und Praktiken plädiert Dennett für eine umfassende Aufklärung. Dass Religionskritik ursprünglich auch als religiöses Projekt entstanden ist, übergeht er ebenso wie die material kritischen Implikate jener Religionen, die sich in der Auseinandersetzung mit philosophischen Theorieformularen entwickelt haben.

Für Dennett macht ein letztlich irrationales Weltverhalten Glauben aus, gerade wenn er an seinen Rationalisierungsleistungen festhält.

> „Viele Kommentatoren haben festgestellt, daß typische, kanonische religiöse Glaubensvorstellungen nicht auf ihre Wahrheit überprüft werden können. Wie ich bereits angedeutet habe, ist dies geradezu ein Definitionsmerkmal religiöser Überzeugungen. Sie müssen ‚geglaubt' werden und lassen sich nicht (wissenschaftlich, historisch) bestätigen."[212]

Zunächst ist festzuhalten, dass Dennett wichtige Schneisen für ein komplexeres Verständnis der natürlichen Entwicklung von Religion schlägt. Ihre evolutionsbiologisch rekonstruierte Entstehung, verstanden als Set von sich stützenden und mit unterschiedlichen Plausibilitätswerten versehenen Hypothesen, muss dabei von der Frage unterschieden werden, ob sich der Gegenstand des religiösen Glaubens seinerseits konsequent naturalisieren lässt. Dass Dennett den evolutionsbiologischen Ansatz mit religionsphilosophischen Argumenten stützt, die sich an den klassischen Gottesbeweisen festmachen, markiert einen erkenntnistheoretisch prekären Übergang. Er hält den Unterschied von Genesis und Geltung von Aussagen offen. Sie stehen auch religiös – eben auf dem betretenen religionsphilosophischen Boden – kritischer Überprüfung frei. Mehr noch: die Traditionen christlicher Theologie sind von ihr inspiriert und wechselwirksam befeuert.

Dabei stellt sich die Frage, was von Dennett als begründungs- und wahrheitsfähiges Argument überhaupt zugelassen wird. Handelt es sich um letzte Gründe der Vernunft? Wie sähe dann eine Letztbegründung nach Dennett philosophisch aus?[213] Soll sie „empirisch" justiert sein? Welche Bedeutung haben dann aber die Interpretationseinstellungen, mit denen empirisches Material gedeutet wird? Der Zugang zur „Wahrheit" wird sich nur im Modus einer diskursiven Vernunft frei legen und d.h. immer wieder kritisch bestimmen lassen. Vor diesem Hintergrund besteht christlicher Glaube auf seiner Wahrheitsfähigkeit, weil er auf eine letzte „Überprüfbarkeit" am Ende der Zeiten setzt, indem er die menschliche Hoffnung auf ein Leben nach dem Tod, evolutionär herausgebildet, als Motor der Offenbarungsgeschichte und zugleich als ihr Produkt ausweist. Seine eschatologische Verifikation steht aus, bleibt aber konstitutiver Aspekt des Glaubens selbst.

Zugleich macht sich christlicher Glaube in der Geschichte fest – an jenem Ereignis, das sich im Interpretationsblick der Evangelien und der frühen Gemeinden in der Auferweckung des Gekreuzigten fokussiert. Die „Wahrheit", die Dennett in

Frage stellt, ist dieses Faktum der Geschichte, das als solches nicht jenseits seiner Deutungstraditionen zu erreichen ist. Damit kommen auch andere narrativ aufgelegte Wahrheitskandidaten in Frage. Sie müssen sich daran messen lassen, ob sie auf der einen Seite dem Gottesbild, das sie voraussetzen, entsprechen, und auf der anderen Seite gerade in der Singularität eines Ereignisses seine Rezeption und sein Verständnis im Zuge des gegebenen Weltwissens kommunizieren können.

Damit stehen die entsprechenden religiösen Überzeugungen durchaus nicht auf schwächerem epistemologischem Boden als Dennett selbst.[214] Auch der philosophisch informierte Evolutionsbiologe muss interpretativ anfangen. Sein empirischer Naturalismus hat jedenfalls eine offene erkenntnistheoretische Flanke:

> „Die potentiellen Agenten und Selektionseinheiten, die bei der Entwicklung eines so facettenreichen Phänomens wie einer Religion ins Spiel kommen, sind derart zahlreich und ihre möglichen Wechselwirkungen so verschlungen, dass überhaupt nicht auf der Hand liegt, wie man zwischen verschiedenen Kandidaten und Hypothesen auf empirisch solide Weise sollte entscheiden können. Zumal es sich meist auch noch um historische, also nur indirekt zugängliche Phänomene handelt. Die Behauptung prinzipieller Testbarkeit verliert da schnell ihren Charme."[215]

Damit verbietet sich jeder empirisch-naturalistische Reduktionismus. Gerade angesichts des entwickelten Materials bleibt von daher aber auch die Frage nach dem Wahrheitskandidaten Religion offen. Mehr noch: Aus der Sicht sich selbst geschichtlich begreifender Religionen kann ein evolutionsbiologischer Zugang das Selbstverständnis nur bereichern – nicht zuletzt im Blick auf immer wieder anstehende selbstkritische Evaluationen der im Umlauf befindlichen Gottesvorstellungen und -praktiken.

## 3.5 Das Problem des szientifischen Reduktionismus

Im April 2003 hielt die *Atheist Alliance International* (AAI) eine Konferenz ab, auf der die atheistische Selbstbezeichnung *Brights* vorgestellt wurde. Der Begriff machte eine rasche Karriere und findet sich inzwischen in international vernetzten Sektionen wieder.

> „Ein Bright ist eine Person mit einem naturalistischen Weltbild. Das Weltbild eines Bright ist frei von übernatürlichen und mystischen Elementen. Die Ethik und Handlungen eines Bright basieren auf einem naturalistischen Weltbild."[216]

Die Homepage der deutschen Sektion versteht die Brights als eine „Bewegung", die sich „für die Ideale des Naturalismus" einsetzt und eine „Vision" verfolgt: umfassende gesellschaftspolitische Gleichberechtigung für die Anhänger eines „naturalistischen Weltbilds".[217]

Der Naturalismus wird in diesem Zusammenhang als szientifisches Programm mit Weltbildcharakter ausgewiesen. Michael Schmidt-Salomon, Richard Dawkins und Daniel Dennett bekennen sich als Brights und fordern zur Unterstützung der Bewegung auf. Der Übergang zur politischen Aktion und die Semantik der Selbstdarstellung markieren den Schritt vom methodischen Naturalismus als Forschungsansatz hin zu einem umfassenden Interpretationsmodell der Wirklichkeit, das ontologische Voraussetzungen macht und eigene „metaphysische" Ansprüche stellt. Sie treten zu Tage, wenn die Welt im Ganzen erfasst werden soll.

Julian Baggini weist darauf hin, dass es eine enge Verbindung von naturalistischen und atheistischen Überzeugungen gibt.[218] Der Atheismus als ein Belief-System wurzelt in einer naturalistischen Weltsicht. Dennoch unterscheidet sich dieses Set von Überzeugungen von religiösem Glauben.

> "The status of atheist and religious belief are thus quite different. Only religious belief requires faith because only religious belief postulates the existence of entities which we have no good

evidence to believe exist. It is a simple error to suppose that just because atheist beliefs are also 'unproven' or 'uncertain' that they too require faith. Faith does not plug the gap between reasons to believe and certain proof."[219]

Die tragenden naturalistischen Einsichten führen zu einem Belief-System, das sich im Zuge naturwissenschaftlicher Erkenntnisse bestätigt. Damit wird aber zugleich der eigentliche Problemzusammenhang sichtbar. Die Interpretation der Wirklichkeit als ausschließlich naturalistisch erschließbar führt eine Deutungskategorie ein, die ihrerseits naturalistisch erschlossen werden kann, z. B. in ihrer evolutionsbiologisch ermittelbaren Funktionalität, die aber als Deutung zugleich nicht mehr mit naturwissenschaftlichen Mitteln gewonnen und kritisiert werden kann. Eine Interpretation liegt nicht als solche natural vor, selbst wenn sich neurologisch die im Erkenntnisprozess beanspruchten Gehirnzonen angeben lassen. Die Beobachtung als solche sprengt bereits die Möglichkeiten naturaler Unmittelbarkeit, und genau darin liegt der Erkenntnisgewinn naturwissenschaftlicher Methoden. Als solche bestimmen sie den Abstand der Erkenntnis zur Natur, den verzögerten Spielraum notwendiger Interpretation. Er wird am dramatischsten darin sichtbar,

1. dass sich der Begriff „Natur" nicht zweifelsfrei klären lässt;

2. dass die Sprachformen und ihre unausweichlichen Metaphorisierungsstrategien bereits Weltbilder transportieren, die keinen Anspruch auf Vollständigkeit und totale Identität erheben können;

3. dass sich die auf naturwissenschaftliche Objektivität abzielenden Wissensformen als historisch kontingent erwiesen haben;[220]

4. dass das Ideal der einen Naturwahrheit als einer Metaerzählung der Gesamtwirklichkeit in einer Pluralität von Wissensgeschichten erodiert[221] und

5. dass sich naturale Prozesse unterschiedlich interpretieren lassen – zumal angesichts der mit ihnen verbundenen Deutungsfragen, die sich in Sinnkonstruktionen absetzen.[222]

Julian Baggini markiert diesen Übergang, wenn er die Frage nach dem Sinn menschlicher Existenz atheistisch reformuliert und das Leben als solches zur Antwort erklärt: „Live as it's own answer."[223] Zur Begründung führt Baggini eine Geschichte von Ray Bradbury an: Die Bewohner des Mars stellen sich die Frage, warum man leben soll, nur in bedrohlichen Lebenssituationen. In Zeiten des äußeren und inneren Friedens erscheint die Frage nach dem Sinn ihrerseits sinnlos, weil das Leben gut ist und keine weitere Begründung braucht.[224] Indem die Frage als solche auftaucht, literarisch gefasst und theoretisch reflektiert, zeigt sich die Notwendigkeit, die Unselbstverständlichkeit des Lebens als Bedeutungsproblem zu bearbeiten. Dabei tritt ein interpretativer *double bind* auf. Einerseits entzaubert die moderne Naturwissenschaft die Sinngerichtetheit der Natur, andererseits tritt sie an die Stelle dessen, was sich nicht ersetzen lässt: die Antwort auf die Frage nach der Bedeutung unserer Existenz angesichts des Todes und des umfassenden Nichts.

> „Auch naturalisierende Deutungen vermögen die Frage nicht aus der Welt zu schaffen, es sei denn um den Preis, die Existenzform zu leugnen, die gerade in der Erfahrung der Sterblichkeit offenkundig wird."[225]

Der Anspruch einer vollständigen Naturalisierung aller Bedeutungsfragen scheitert als konsequenter Reduktionismus in dem Moment, in dem er sich auf eine Deutungsarbeit einlässt, die Natur als etwas nicht Gegebenes, als eine Konstruktion voraussetzt. Der Naturalismus muss sich in seinen Interpretationskategorien zur Naturalisierung des eigenen Gedankens in Beziehung setzen. Seine Festlegung als umfassendes Programm erweist sich interpretativ variabel.[226] Der Plural divergierender Auffassungen von „Natur" zerbricht die Hoffnung auf *eine* Naturwahrheit, wie sie sich im überdehnten Anspruch der Evolutionsbiologie als Theorie für alles manifestiert.

In diesem Zusammenhang ist Armin Kreiner zuzustimmen, der auf die Grenzen naturalistischer Welterklärung hinweist:

„Für einen eventuellen Anfang des Universums hätte der Naturalismus überhaupt keine plausible Erklärung (Nichts), für die Feinabstimmung hat er entweder keine (Zufall) oder nur eine ziemlich spekulative (Multiversum). Einzig für die Evolution des Lebens kann er mit einer zumindest prinzipiell vollständigen Theorie aufwarten, die aber ungeklärt lässt, warum es überhaupt ein Universum gibt und warum dieses evolutionstauglich ist."[227]

Die Möglichkeit, einen anderen interpretativen Anfang zu setzen, markiert eine Grenze, die den Menschen als „Natur" kennzeichnet: als Natur zugleich mehr als bloße Natur, m. a. W. irreduzibel zu sein.[228] Die Rede von der Würde des Menschen, biblisch von seiner Gottebenbildlichkeit, von seinem konstitutiven Gottesbezug – diese anthropo-theologischen Sprechformen erschließen ein Diskursfeld, das es erlaubt, den Menschen als Wissensform über einen unabschaffbaren Transzendenzbezug zu bestimmen. Gerade weil sich zumindest die formale Transzendenz des Nachdenkens über die Bedeutung der eigenen Existenz und der Welt nicht abschaffen lässt, sie vielmehr gerade vom naturalistischen Paradigma bestätigt wird, bleibt auch der Raum religionsphilosophischen und theologischen Nachdenkens offen.

# 4. Kulturtheoretische Abschiede – philosophische Aporetisierungen

Anders noch als vor einigen Jahren haben die aktuellen Spielformen eines publizistisch erstarkten Atheismus an rhetorischer Wucht zugenommen. In Talkshows lassen sich regelrechte Weltbildkämpfe verfolgen. Das Plädoyer gegen die Haltbarkeit religiöser Überzeugungen wird dabei mit Vehemenz vorgetragen. Die Urteilssprüche werden entschlossen exekutiert. Sie verbinden kulturtheoretische Abschiede und philosophische Aporetisierungen miteinander, aus denen sich ein eigenes Programm der Gottesbestreitung entwickelt. Im Folgenden soll es in exemplarischen Strichen gezeichnet werden, als ein Panoptikum von kritischen Einfällen, gezielten Grenzüberschreitungen und polemischen Initiativen.[229] Mit ihnen gewinnt die Rede von Gott einen eigenen Resonanzraum.

## 4.1 Sam Harris: Das Ende des Glaubens

Was unter dem Stichwort der „neuen Atheismen" verhandelt wird, findet mit der Streitschrift „The End of Faith" von Sam Harris einen Anfang.[230] Ab dem Jahr 2005 folgt eine ganze Reihe weiterer, überaus erfolgreicher Publikationen, die im englischen Sprachraum einen eigenen Markt religionskritischer, mithin dezidiert atheistischer Titel schaffen. Sie stehen unter dem besonderen Vorzeichen religiösen Terrors, der emblematisch mit den Anschlägen des 11. September 2001 identifiziert wird. Damit ergibt sich eine hermeneutisch aufschlussreiche Konstellation. Gerhard Paul konnte nachweisen, wie sich die Attentäter in den Asservatenkammern heilsgeschichtlich-apokalyptischer Bildgebungen bedienten.[231] Die religiöse Offenbarungsleistung bestand im Machterweis des einen Gottes, der das Ende der babylonischen Kultur Amerikas herbeiführen wird. Am Tag des Gerichts, im eschatologischen Augenblick des Einsturzes der Twin Towers, wird die ganze westliche Zivilisation der Unwahrheit überführt.

Angesichts dieser religionspolitischen Herausforderung strengt Sam Harris mit seinem Bestseller einen eigenen Prozess an. Angeklagt ist der religiöse Glaube, das Urteil spricht die Vernunft. Schon mit dieser Gegenüberstellung wird deutlich, dass Rationalität und Religion vorab unversöhnbar erscheinen. Fatal erscheint, dass auf diese Weise die spezifische Rationalität der laufenden religiösen Vorgänge nicht in den Blick kommen kann: nicht ihre eigenwilligen Begründungsleistungen, nicht ihre Zeichenpolitik, nicht ihr kultureller Hintergrund. Dass Glaube und Vernunft in den monotheistischen Religionen des Mittelmeerraums zivilisatorisch bedeutende Allianzen eingingen, kann von Harris nur als produktives Missverständnis verbucht werden. Dass ihre enge Verschwisterung europäisch nicht nur zur Gründung von Universitäten führte, sondern die Philosophie bestimmte und auch die intellektuelle Entwicklung hin zur säkularisierten Moderne befeuerte – ohne jeden Zweifel mit starken und stärksten kirchlichen Widerständen: All das geht für Harris in der hermeneutischen Vorentscheidung seiner Frontbildung unter.

Die polemische Anlage seines „Frontalangriffs"[232] hat von daher erkenntnistheoretische Voraussetzungen, die den Gang der Argumentation bis in die Metaphorik hinein bestimmen. Harris bedient sich immer wieder militärischer Bilder, die er suggestiv in apokalyptische Szenarien einspeist.[233] Vor den Augen der Leserin und des Lesers entsteht das Panorama einer globalen Schlacht um die Vernunft, an deren Ausgang unsere Zukunft hängt. Um zu bestehen, muss immer wieder zum Kampf mit allen Mitteln aufgefordert werden – unter Einsatz aller verfügbaren Instrumente bis hin zur Folter.[234] Die Vorstellung, man könnte in einen atomaren Erstschlag getrieben werden, um sich gegen den Terror islamistischer

Atommächte zu schützen, weist der Autor selbst als „unvorstellbares Verbrechen" aus, um es als „verrückt" und als „glaubwürdiges Szenario" zugleich zu beschreiben, in das einen Religionen treiben können.[235] Mit anderen Worten: Die Möglichkeit bleibt, dass sich der Westen nur so schützen kann. Und so bringt Harris für den Islam auf den Punkt, was zugleich die Irrationalität aller Religionen markieren soll: ihr destruktives Potenzial. Was Inquisition und die Shoa bedeuten, ist auf derselben Basis nur die äußerste Konsequenz des Christentums. Beide sind „folgerichtig und notgedrungen aus dem christlichen Glauben hervorgegangen."[236] Nur weil sich der Westen moralisch auf eine höhere Stufe entwickelt und die irrationalen Auswüchse der Religionen wenigstens im Ansatz gebändigt hat, entkommt das Christentum dem politischen Vorschlag, mit dem Harris auf die islamistische Bedrohung reagiert:

> „Vielleicht gelingt es dem Westen, einen Wandel der muslimischen Welt durch äußeren Druck zu ermöglichen."[237]

Harris spielt an dieser Stelle mit offenen Karten. Es geht um das Öl und die machtökonomischen Verschiebungen, die sich im Kampf um wirtschaftliche wie intellektuelle Ressourcen aufzwingen. Es geht um die Herrschaft des richtigen Wissens. Nach Möglichkeit soll sie sich friedlich etablieren, namentlich im Zuge veränderter Energiepolitik.

> „Ansonsten sehen wir uns gezwungen, unsere Interessen in der Welt mit Gewalt zu verteidigen – und zwar kontinuierlich. In diesem Falle ist es nahezu sicher, dass unsere Zeitungen sich in zunehmendem Maße lesen werden wie das biblische Buch der Offenbarung."[238]

Die politische Wahrheit wird als Wahrheit der Vernunft entwickelt. Sie führt zu unmittelbaren Anwendungen, die diese Wahrheit militärisch durchsetzen. Der atheistische Prediger nimmt bis in die Rhetorik und vor allem in der direkten Umsetzung seiner Überzeugung in geopolitische Strategien die Maske seines evangelikalen Gegenübers an. Von daher rahmt kaum zufällig ein weiterer apokalyptischer Vermerk die Gedankenführung. Sie nimmt – mit dem Hinweis auf die Apokalypse des Johannes – etwas unmittelbar Bedrohendes an, so wie der gesamte Text seine latente Gewaltförmigkeit kaum verschleiert. Damit bestätigt er aber nicht nur, was er im Gegenzug der Religion im Singular anlastet, sondern er unterschreitet auch permanent, was er als vernünftig deklariert. Im gegebenen Zusammenhang wird deutlich, wie sich dieser neue Atheismus als intellektuelle Interessenpolitik auflädt. Vernunft steht in ihrem Dienst.

Theoretisch behauptet Harris etwas Anderes. Vernunft hängt an Begründungen, die wiederum an Beweisen haften. Ungeniert steht ein naturwissenschaftlicher Positivismus Pate, der im abschließenden Kapitel durch Überlegungen zu einer weltimmanenten Spiritualität ausbalanciert wird.[239] Mystische Meditationstechniken erlauben es, die Transformation des Subjekts noch an der Todesgrenze zu befördern – wobei die rationale Haftbarkeit der entsprechenden Spekulationen eher begrenzt erscheint:

> „Die Verschmelzung von menschlicher und maschineller Intelligenz ist eine ernst zu nehmende Option. Welche Bedeutung werden solche Veränderungen hinsichtlich der gewohnten Grenzen zwischen Ich und Welt haben? Sind sie irgendwie von Belang für eine Spiritualität, die in der Erkenntnis der Non-Dualität des Bewusstseins wurzelt? Ich habe das Gefühl, dass die Natur des Bewusstseins alle diese Entwicklungen in den Schatten stellen wird. Egal, welche Erfahrungen wir – entweder mittels technologischer Hilfe oder nach dem Tod – machen werden: Die Erfahrung selbst hat mit dem Bewusstsein und dessen Inhalt zu tun. Entdecke, dass es in der Natur des Bewusstseins liegt, seine Inhalte zu transzendieren".[240]

Die Möglichkeit, von diesem Ende der Religionen her ein religionsphilosophisches Gespräch zu eröffnen, muss Harris konsequent auslassen. Zuvor hatte er schon die theologischen Grenzbestimmungen von Glaube und Vernunft, die er exemplarisch an Paul Tillich festmachte, als nicht repräsentativ und also irrelevant verworfen.[241] Die eigentlichen Gegner seien die religiösen Massen der Uninformierten, der differenzlos Entschiedenen – und wieder kann man sich des Eindrucks kaum erwehren, dass der Autor die eigenen Interpretationstechniken projiziert. Dabei ist Projektion der Kern der religiösen Wahrheit[242]: die Realität ihrer Wünsche.[243] Leider zwingen sie in die „verzweifelte Vermählung von Hoffnung und Ignoranz".[244] Warum? Weil der religiöse Glaube – mal meint Harris die Bomben werfenden Zeloten des 21. Jahrhunderts, dann wieder alle Religionen von Grund auf, je nachdem, wie es gerade begründungsoptional passt – keine Beweise für seine Hinterwelten hat.

> „Der religiöse Glaube befindet sich ganz einfach außerhalb der Grenzen eines rationalen Diskurses."[245]

Wie aber ließe sich überhaupt begründen, wenn philosophisch bedachte Konzepte, wie sie Tillich anführt, vorab unter dem Verdacht stehen, bloß „die vor einem jedem Altar liegende Schlange zu kaschieren"?[246] Zu unglaubwürdig erscheinen Harris die mythologischen Unterwelten der Religion. Experimentelle Wissenschaft hat sie ihres *Wahnsinns* längst überführt. Schlagend erscheinen erneut die hermeneutischen Voraussetzungen solcher Urteile, wie sie der Autor am Beispiel der Eucharistie vorführt.[247] Wie bei den verschiedenen Bibelzitaten lässt Harris historisch-kritische Verfahren nicht zu, weil sie den kanonischen Offenbarungssinn der Heiligen Schrift modifizieren. Hat man sich einmal für diesen Ansatz entschieden, bleibt nur noch der Fundamentalismus des Autors selbst übrig. Er spiegelt sich in den undifferenzierten Ausholbewegungen einer Vernunft, die sich nur in Mustern fortlaufender Selbstanrufung affirmiert.

Fragt man nämlich nach ihrer Belastbarkeit über jene empirischen Erkenntnisfelder hinaus, auf denen sich kritische Theologie ohnehin nicht als Konkurrent behaupten will noch muss, weicht Harris aus. So schwammig wie der Traum seiner atheistischen Spiritualität, die das „Wunder" des Kosmos beschwört[248], ohne die Bedeutung der entsprechenden Wahrnehmung als solcher noch einmal existenzhermeneutisch zu prüfen, so offen bleiben auch die ethischen Begründungsformulare. Der religiöse Glaube ist nach Harris erledigt, weil seine Tatsachenaussagen über die Welt ohne Weltbegründung auskommen.[249] Wie Begründungen funktionieren, wird dabei erkenntnistheoretisch an keiner Stelle präzisiert – es sei denn, man ließe nur empirische Messverfahren zu. Das wiederum scheint sich mit der Ethik-Begründung von Harris nahe zu legen. Immer wieder rekurriert er auf „ethische Tatsachen"[250], die deshalb argumentationslogisch als Erstes eingesetzt werden können, weil sie sich nicht bestreiten lassen. Sie basieren wiederum auf einem ethischen „Gefühl"[251], auf einer „Intuition"[252], einem „Gespür"[253], die den Menschen grundsätzlich auszeichnen. Wer anders empfindet, leidet an einem biologischen Defekt:

> „Wahrscheinlich kommt irgendwann die Zeit, in der wir detailliert darüber Bescheid wissen, wie menschliches Glück und ethische Urteile sich auf der Ebene des Gehirns manifestieren. So wie Einschränkungen beim Farbensehen von genetischen Störungen und Störungen in der Entwicklung herrühren können, so kann es zweifellos auch innerhalb unserer ethischen und emotionalen Schaltkreise zu Problemen kommen."[254]

Die Ethik-Begründung wird also nicht nur auf die Zukunft verschoben[255], sondern im Zuge eines szientifischen Naturalismus projektiert, der den naturalistischen Fehlschluss in Kauf nimmt. Die einschlägigen Auseinandersetzungen um die Möglichkeiten einer ethischen Letztbegründung nimmt Harris nicht wahr. Damit ergibt sich aber eine charakteristische Verschiebung der Beweislasten. Im Stauraum seiner Argumente kommt es zu einer problematischen Verlagerung der Gewichte. Nicht nur, dass vollkommen ungeklärt bleibt, was Vernunft in welcher Hinsicht begründungstheoretisch leistet, sondern die vermeintliche Irrationalität der Religion, immer im totalisierenden Singular aufgerufen, lässt verschärft nach den letzten Gründen und deren Grund in der Argumentationskette des Autors fragen. Dass sich immer wieder schlagende Einzelsätze mit dem kognitiven Wert von Verdammungsurteilen finden, erscheint charakteristisch.[256] Sie korrespondieren mit dem gehäuften Einsatz von Bekundungen strikter Sicherheit. Harris' Urteile tendieren dazu, *zweifellos* zu sein, weil der Autor sieht, was er sieht.

Es ist dieser totalitäre (und mithin tautologische) Modus seiner Interpretationsregie, der die eigenen Fragen zum Inventar eines apokalyptischen Schaustücks degradiert. Mit der Nachdenklichkeit stirbt auf der Bühne der inszenierten Eskalationen die kritische Vernunft. Immerhin handelt es sich um ein besonderes Drama: Der Autor ist in diesem Fall einmal der Mörder. Und so wird am Schluss nicht das Ende des Glaubens gegeben, das unzweifelhaft kommen soll, sondern das Ende der Vernunft, das der Theologe betrauert – ohne alle Hoffnung auf dessen kathartische Funktion.

## 4.2 Christopher Hitchens: Religionsvergiftungen

Das Inventar kulturtheoretisch aufgelegter Fragen reichert ein Buch von Christopher Hitchens an, das im Deutschen unter dem Titel „Der Herr ist kein Hirte" veröffentlicht wurde und damit das englische Original eher entschärft: „God is not great".[257] Gemeint sind die Gottesvorstellungen und Gottespraxen, die nur den einen Schluss zulassen, dass *Religion alles vergiftet* – so der Untertitel, der die Richtung des Bandes nicht nur inhaltlich, sondern auch methodisch angibt.[258] Hitchens muss nämlich eine kleine Weltgeschichte im Zeichen religiöser Destruktivität anlegen.

Sein Ansatz nimmt, wie bei Harris, den Charakter einer totalisierenden Beanspruchung von Religion an. Dabei kann er ohne nähere Bestimmung dessen auskommen, was das Konzept *Religion*, unterschiedlich genug, meint. Schon hier macht sich der Verzicht bemerkbar, nicht nur die jeweiligen

Theologen von theoretischem Gewicht argumentativ zu beanspruchen, sondern wenigstens Religionswissenschaftler in die Zeugenliste aufzunehmen. Markant macht sich dann der Ausfall an Grundlagenwissen bemerkbar. Kein Philologe könnte sich erlauben, mit dem komplexen Textmaterial des Alten und Neuen Testaments umzugehen, wie es Hitchens gefällt (vgl. die Kapitel 7 und 8). Kein Philosoph ließe sich so rasch mit den wenigen Federstrichen zu den Gottesbeweistraditionen abspeisen, die Hitchens seinen Leserinnen und Lesern anbietet (vgl. Kapitel 18). Das entsprechende Kapitel tritt unter der Maxime an: „Eine edlere Tradition: Die Vernunft setzt sich zur Wehr".[259] Der polemogene Impuls kommt in der Zeichnung der wichtigsten Figuren ohne jeden Hinweis auf die kritische Funktion der Argumente von Anselm bis Kant aus, die Hitchens kompakt aufruft. Konsequent fehlt die Bestimmung der selbstreflexiven Grenzbestimmung der religiösen Vernunft, die sich im philosophischen Gottesbeweis durchsetzt. Kein Wort findet sich zur weiteren Diskussion etwa des ontologischen Arguments bis in die Gegenwart. Nichts justiert die eigene Kritik in der Weise, dass die Stärke des religionsphilosophischen Gedankens zum Tragen kommen kann. Er ist es offensichtlich nicht wert.

Diese methodologischen Probleme setzen sich von Anfang an fest. Die Entscheidung über den Ausgang des kritischen Durchgangs durch die historischen Episoden des religiösen Bewusstseins ist bereits vorab gefallen. Der biographische Impuls am Anfang macht den kaum zehnjährigen Denker zum profilierten Religionskritiker, den nichts mehr überraschen kann. Ein Kind kann durchschauen, was es mit dem jüdisch-christlichen Schöpfungsglauben auf sich hat. Und so bestätigt sich im Laufe der Ausführungen, dass es sich bei religiösen Überzeugungen um Produkte aus der Vorzeit des Wissens handelt. Religion stammt aus der „Kindheit der Menschheit".[260] Das spezifische Wissen des Glaubens, das Hitchens zwischen Judentum, Christentum und Islam einerseits sowie den östlichen Religionen andererseits zu einer unscharfen Größe amalgamisiert, besteht in heute unplausiblen Welterklärungsmustern. Als Hypothesen der Welterklärung erscheinen sie überflüssig[261] – und spätestens jetzt wird, wie bei Harris, eine hermeneutische Verwechslung sichtbar.

Religionen sind nach Hitchens irrational, weil sie Wirklichkeit im Rahmen mythologischer Programme entschlüsseln. Die Eigenart religiöser Sätze wird damit ebenso berücksichtigt wie die Bestimmung ihrer tragenden, klassisch gesprochen: ontologischen Voraussetzungen. Hitchens meint den Schöpfungsglauben mit der Frage nach der Herkunft des Schöpfers erledigt zu haben.[262] Die kritische Implikation der biblischen Schöpfungserzählungen blendet er damit aus. Die spätere Rede von der *creatio ex nihilo* setzt sich exemplarisch von jedem Versuch ab, Gott zum bloßen Anwendungsfall unserer Wirklichkeitsauffassung zu machen. Sie wahrt im Bekenntnis zum schöpferischen Welturprung die radikale Transzendenz dessen, der nicht noch einmal von der Welt abhängt und deshalb ihr gegenüber frei ist, sich in ihr zu verorten.

Man muss nicht verlangen, an diesen Gott der Schöpfung zu glauben, wohl aber, die intellektuelle Herausforderung dieser präzisen Grenzbestimmung von Transzendenz und Immanenz zugleich als eine Limitierung der Vernunft zu bestimmen, die sich an den Grenzen der Welt auf sie beziehen kann. Dann müsste nicht länger machtinteressierte Projektion als exklusiver Ausgangspunkt religiöser Erfahrung herhalten. Dann ließen sich nicht mehr ohne Weiteres die „korrupten Anfänge der Religionen"[263] als Antriebswellen ihrer Kritik heranziehen. Stattdessen könnte man die unausweichliche Erfahrung einer Transzendenz des Fragens und mithin menschlicher Existenz in ihren ganzen Vollzügen als einen möglichen Haftpunkt religiöser Wirklichkeitsauffassung evaluieren.[264] Zumindest ließe sich beschreiben, welchen Anteil gerade religiöse Konzepte an der Herausbildung des modernen Subjektdenkens – und erneut auch seiner kritischen Befragungen – haben. Auf dieser Basis würden gerade die Impulse des Kritikers an Schärfe gewinnen. Allerdings müsste er eingestehen, dass sich Religionskritik als Movens des religiösen Wissens, vermittelt über die Antike und elaboriert in der Aufklärung, als wichtiger Strom moderner Theologie und Gottesauffassung gerade gegen jene Tendenzen gerichtet hat, die Hitchens zurecht unter Verdacht stellt.

Freilich geschieht dies unter dem Niveau, auf dem sich kritische Theologien schon lange bewegen. Das schließt problematische Auseinandersetzungen gerade im katholischen Kirchenraum etwa um die Geltung historisch-kritischer Verfahren ebenso wenig aus wie Rückfälle in verzweifelte Fundamentalismen. Bis heute finden sich kritikresistente Vorstellungen, die etwa Wunder im Format eines verschobenen naturalistischen Beweisvorgangs auffassen oder auf die Kraft des nächsten Exorzismus setzen. Gerade diese Fälle verbinden sich indes mit einem eng geführten Wirklichkeitskonzept, das die Voraussetzungen des Naturalismus nur von unterschiedlichen Enden her aufrollt. Tritt Hitchens unter den Vorzeichen eines evolutionären Naturalismus an, der seinerseits welbildförmige Züge besitzt, macht der supranaturale Realist mit dem jederzeit möglichen externen Eingriff Gottes ernst. Er führt dazu, die Welt mit Gott zu verwechseln, weil er erneut der normale Anwendungsfall des Außergewöhnlichen wird. Ein entsprechendes Offenbarungsverständnis kann Hitchens dann zurecht als unzureichenden „Beweis" deklarieren.[265] Als solcher muss er problematisch erscheinen, weil er die Willkür eines privilegierten Gottesauftretens verkörpert.

Darüber hinaus erscheinen Hitchens Offenbarungen phänotypisch zweifelhaft. Zu viele Offenbarungen konkurrieren miteinander, oft in gegensätzlichen inhaltlichen Auffassungen. Die Offenbarungsträger kommen ihm obskur vor und bedienen groteske Vorstellungswelten. Vor allem lassen sie sich, als Beweise gedacht, nicht länger als solche halten, weil sich die Welt der Wunder im Licht moderner Naturwissenschaften aufgelöst hat. Damit wird für Hitchens unübersehbar, dass Menschen Religion gemacht haben – die geschichtliche Gestalt gerade des supranatural ausgelegten Offenbarungsglaubens legt diese Einsicht frei. Dass die Vorstellung der in und als Geschichte gedachten Selbstoffenbarung einen anderen Weg der Gottesauffassung einschlägt, der z. B. mit Karl Rahners Entwurf einer transzendentalen Verwiesenheit des Menschen auf das Unendliche den Prozess und Konflikt der Interpretationen um die angemessene Rede von Gott gerade im kontingenten Raum der Geschichte materialisiert – das fügt sich vorab dem gewählten Ansatz.[266] Und so lautet das rasche Urteil, das sich in immer wiederkehrenden Kaskaden durch die Kapitel des Buches zieht, auf göttlichen Tod durch menschliche Konstruktion. Die Bedeutung notwendiger Konzeptualisierungen und differenter Gottessprachen auf der Basis eines sich selbst als geschichtlich ausweisenden Theismus, wie ihn Judentum und Christentum vertreten, bleibt unter der von Hitchens gewählten Komplexitätsschwelle.

Dann aber scheint Freuds Kritik an der Zukunft einer Illusion tatsächlich bewiesen – indes möglicherweise in anderer als eingeschlagener Richtung. Illusionär erweist sich nämlich, was Hitchens unter den Theismen versteht, wenn man sie an dem misst, was sie zumindest in ihren kritisch gefilterten Fassungen an Humanisierungspotenzial bewahren. Der projektive Rückstand der Kritik schlägt auf seinen kulturhistorischen Aufklärungsanspruch zurück. Der allfällige Sünden-Kanon der Religion[267] (stets im hypertrophen Singular einer Zusammenfassung, die zwar verschiedene Religionen abfragt, sie aber doch immer auf einen Gedanken zurückzwingen kann) soll der Generalsanierung der modernen Welt aufhelfen. Das gelingt nur, wenn Religion als das *verkehrte Bewusstsein einer verkehrten Welt* verschwindet.[268] Hitchens begründet seine Hoffnungen aus dem Negativ jener Geschichten der Gewalt, in die Religionen immer maßgeblich verwickelt waren. Dass sich aus ihnen aber zugleich der Widerstand gegen den Missbrauch im Namen Gottes speiste, kommt als zivilisatorisches Gegengewicht nicht in Betracht. Stattdessen *vergiftet Religion alles*[269] – ein Satz, der die eigene Gewalt im Modus erkenntnistheoretischer Totalisierung nicht mehr zu denken vermag.

Die kritischen Hinweise auf problematische religiöse Welt-bilder und Praktiken, die Hitchens raumgreifend entfaltet, ver-lieren damit nicht ihre Haftbarkeit, wären aber über die bloße Phänomenologie hinaus gerade im Widerspruch differenzierter religiöse Systeme zu präzisieren. Lassen sich alle Religionen als sexuelle Repressionsanstalten ausweisen?[270] Wird man einer Religion wie dem Christentum, das im Kind die Wirklichkeit Gottes bestimmt, mit dem Generalverdacht gerecht, *alle* Reli-gion sei „Kindesmisshandlung"?[271] Diese Festlegungen deuten auf eine unterkomplexe Theorie hin. Sie sucht Mehrdeutig-keiten auf eine Weise abzuschaffen, die sie ihrerseits Religion als unausgereifter Weltorientierung unterstellt.

> „Hitchens fehlen die analytischen Mittel, die elementare Am-bivalenz aller religiösen Symbolsprachen, ihre hohe Inter-pretationsoffenheit zu erkennen und Erklärungen dafür an-zubieten, warum in Glaubensbildern, paradox genug, Ten-denzen der Selbstverabsolutierung durch Gleichschaltung mit Gott ebenso angelegt sind wie heilsame Potentiale demütiger Selbstlimitierung."[272]

Wenn unter diesen Voraussetzungen Religion als missiona-rischer Machtdiskurs entwickelt wird, nehmen sich freilich die eigenen Ambitionen umso merkwürdiger aus. Nachdem die Unvernunft, die strukturelle Gewaltbesessenheit und das kulturhistorische Debakel der Religion erwiesen sind, bleibt dem Kritiker nur der Aufruf zur Bekehrung, weil „es höchste Zeit ist, den Vorhang endgültig zu zerreißen."[273]

Dem möchte man sich theologisch anschließen, wären da nicht Fragen, die auch in polemischer Überspitzung und theoretisch unzureichender Ausarbeitung kritische Impulse gäben. Das betrifft die allgegenwärtige Theodizeefrage, spe-zieller, wenn auch nur angedeutet, aber auch eine selten so formulierte Frage: Was hat es mit dem Gedanken und Motiv der *Vernichtung* in Religionen auf sich?[274] Diese Frage wird un-ter fundamentalistisch-apokalyptischen Vorzeichen gestellt, ist aber theologisch von grundsätzlicher Bedeutung. Was treibt an die Grenzen der Wirklichkeit, was stellt sie unter den Vorbehalt der Verneinung?

Folgt man den Analysen Giorgio Agambens zur Gouvernementalität des theologischen Denkens, stößt man auf den hierarchischen Rahmen der negativen Theologie bei Pseudo-Dionysios Areopagita.[275] Die theologische Negationsarbeit lässt sich als Aspekt einer Ordnungsmacht beschreiben, die ihre Grenzen bestimmt und sie damit zugleich ausdehnt – bis zur äußersten Überhöhung. Dann aber stellt sich die Frage nach dem Herrschaftswissen der Theologie, das sich noch im Versuch der formalen Reduktion auf die *via negativa* etabliert. Der entsprechende Problemüberhang macht auf eine Grenze aufmerksam, die dazu anhält, auch diesen Diskurs einer theologischen Ordnungsmacht noch einmal kritisch gegenzulesen. Gemeint ist die erkenntnistheoretische Bedeutung der Rede vom Geheimnis Gottes. Als letztes Rückzugsgefecht im Kontext religionskritischer Anfragen würde es sich um eine Selbstimmunisierung handeln, um die Selbstbestätigung der eigenen diskursiven Ordnung. Ohne ihre erkenntnistheoretische Verortung könnte Theologie umgekehrt die konstitutive Grenzbestimmung von Transzendenz und Immanenz nicht länger als ihre Basalgrammatik begreifen. Dann verlöre sie die Kraft der Unterscheidung; sie würde vorkritisch. Die Frage nach der Bedeutung der Vernichtung, der Tendenz zur Annihilierung von Gegebenem, greift in die machtbesetzten theologischen Ordnungen des Wissens ein und fragt nicht nur – wie Hitchens – nach den Konsequenzen, sondern muss vorab die Voraussetzungen klären, die sich, falsch verstanden, historisch unglaublich destruktiv, als Negationen in Politiken der Vernichtung entladen können.

Diesen heißen kulturtheoretischen Kern jener Religionen, die Transzendenz und Immanenz rekombinieren und nicht einfach auseinander fallen lassen, die also eine theoretische Komplizierung der Wirklichkeitsauffassung betreiben, muss Theologie bestimmen. Angebote liegen vor – von transzendental aufgelegten Subjekttheologien[276] bis hin zu offenbarungstheologischen Projekten, die den Richtwert einer Theologie des Geheimnisses gerade angesichts seiner diskursiven Gefährdung justieren. Wer angesichts dieser Versuche die Synthese von Glaube und Vernunft vorab für aussichtslos erklärt[277], muss sich nicht nur nach dem eigenen Vernunftverständnis fragen lassen. Vielmehr geraten auch seine kritischen Lektüren unter religionsphilosophischen wie theologischen Problemdruck, wenn er allen Ernstes Religion als „Philosophie ohne Fragen" ausweisen zu können glaubt.[278] Oder verhält es sich geradewegs umgekehrt, wenn Hitchens im Anschluss an Demokrits Atomismus die „Frage nach einer ersten Ursache oder einem Ursprung als im Wesentlichen irrelevant betrachtet"?[279]

## 4.3   Peter Sloterdijk: Monotheistische Zornbanken

Auch der kulturtheoretisch aufgelegte und prinzipientheoretisch gedachte Atheismus Peter Sloterdijks macht sich an der veränderten religionspolitischen Situation nach den Attentaten von 9/11 fest. In die globalen „Zornbanken" wird, folgt man Sloterdijk, in zunehmendem Maße mit religiöser Währung eingezahlt.[280] Den nächsten globalen Krieg muss man sich als „Clash der Monotheismen" vorstellen.

Sloterdijk formatiert seinen Atheismus von daher im Zuge einer religionskritischen Konzentration, die mit der Befragung der drei großen Monotheismen zugleich die religiösen Vorstellungswelten im Ganzen erreicht – wenn auch unter nuanciert verschobenen Voraussetzungen.[281] Für Sloterdijk haftet am Atheismus der entschiedene Einspruch. Er öffnet das nervöse Zentrum der Ablehnung, mit der sich der Atheist an seinem Gegner festmacht. Insofern Gewalt intrinsisch zur Religion gehört, zumal zum Monotheismus[282], darf man seine Spuren auch im atheistischen Diskurs erwarten. Der Zorn Gottes spiegelt sich im emotionalen Aufwand seiner Bestreitung. Nietzsche gibt hier das große Vorbild, wie sich auch sonst Sloterdijks Ansatz und Stil an diesem Paten orientiert. Er liefert mit seinem *Zarathustra* das Gegenstück zum Evangelium einer Religion, die selbst bereits Gegen-Religion war, also konfliktiv aufgeladen. Nietzsche hinterlässt

> „das erste Muster einer durchformulierten Gegen-Gegenreligion. Mit ihr beginnt die Ära des aufgeklärten Gegeneifers, den man am besten als Nach-Eifer charakterisiert."[283]

Dieser Eifer leiht Sloterdijks Atheismus seinen Titel. Nietzsche hatte ihn verschärft. Sloterdijk will seine Konsequenzen ziehen. Dabei hält er sich im Raum des profilierten Gottesstreits und übernimmt auch seine pathetischen Voraussetzungen. Im Schattenriss der eigenen Textanlage wird nicht nur deutlich, dass auch dieser Atheismus aus dem 19. Jahrhundert stammt, sondern was die eigentlich *neuen Atheismen* kennzeichnet: eine andere Argumentationsperspektive, ein anderer Ton, ein verändertes areligiöses Beziehungsmuster.[284]

Sloterdijk verortet es noch im Koordinatensystem der klassischen Religionskritiken des 19. Jahrhunderts, religionspsychologisch intensiviert und gelegentlich auch verfeinert. Mit dem Gestus des Aufklärers sucht er im religiösen System die mühsam verdeckten Inkonsistenzen aufzudecken. Der investigative Psychologe fragt sich bis zu den nachhaltigen Störungen vor, die den religiösen Bewusstseinsapparat täuschungsanfällig machen. Die Entstehung und die Bedeutung von Religion werden dabei kurz geschlossen. Sie beruhen auf grundlegenden Verkennungen, die Sloterdijk typologisch erschließt:

1. Die „Verkennung des Langsamen"[285]: Religion rechnet mit einem göttlichen Plan, in dem alles aufgeht, was sich in der Wirklichkeit nicht beobachten lässt. Religion lässt sich nicht genug Zeit für die langsamen Lösungen, für den kommenden Erkenntnisfortschritt. Was man noch nicht weiß, kommt in transzendente Abschubhaft.

2. Die „Verkennung des Heftgen"[286]: Der Haushalt unserer Affekte verlangt kontinuierlichen Stress-Abbau. Unter Rück-

griff auf Heiner Mühlmann[287] entdeckt Sloterdijk in der exzessiven Kultur-Natur des Menschen den Raum für religiöse Ausweichmanöver, für die Ausbildung transzendenter Figuren und Riten, die einen Ort für die exaltierten Anlagen des *homo sapiens sapiens* einrichten.

3. Die „Unerreichbarkeit des Anderen"[288]: Kommunikative Unverfügbarkeit, Entzugserfahrungen, Verlustbedrohungen werden religiös aufgeleistet, indem man einem nichtexistenten Gott als abwesender, schweigender Größe zum Leben verhilft. Eine Leerstelle im Gefüge unserer Beziehungen und unserer Kommunikation wird zum Sprechen gebracht.

> „Es handelt sich fürs erste um nicht mehr als einen schlichten Fall von Unerreichbarkeit, und es müßte eine Reihe anspruchsvoller Voraussetzungen erfüllt sein, bevor man zu dem Schluß kommen dürfte, wer nicht regiert, sei eben deswegen ein überlegenes, ja transzendentes Gegenüber."[289]

Was theologisch konstruiert erscheint, erfüllt zugleich eine kulturelle Funktion. Als kulturelle Interpretationsleistung betrachtet, speichert dieser Vorgang die notwendige Distanznahme in Beziehungen für das kollektive Gedächtnis auf. Er gestattet eine Wertschätzung, die am Umbau des Gedankens interessiert ist, an seiner humanen Transformation:

> „Selbst wenn hier also eine von Verkennung markierte Konzeption der Transzendenz vorliegt, sollte man ,Gott', sofern das schlechthin Andere gemeint ist, als ein moralisch fruchtbares Konzept würdigen, das Menschen auf den Umgang mit einem unmanipulierbaren Gegenüber einstimmt."[290]

Der Ton verändert sich für einen Augenblick. Der Polemiker hält einmal inne und setzt seine Kritik auf ein anderes Gleis. Die Bedeutung von Transzendenz wird in einer kulturtheoretischen Umformatierung festgelegt. Noch wo sie nicht religiös aufgefüllt wird, materialisiert sich der ursprüngliche Impuls des religiösen Bewusstseins in dem Moment, wo er zivilisatorisch aufgebraucht werden soll. Gerade so aber behält er etwas Widerspenstiges. Er markiert eben die genannte *Uner-reichbarkeit des Anderen*, der in keiner Vorstellung aufgeht.

Anders als bei den *neuen Atheismen* überlagert in Sloter-dijks Analyse immer noch der polemische Impetus die An-erkennung eines Kultur stiftenden Gedankens, wenn dieser vorab als Projektion, genauer als „Überinterpretation der Resonanzlosigkeit"[291] festgelegt wird.

4. Die „Verkennung der Immunitätsfunktionen"[292]: Religi-on ist das Immunitätssystem des verletzlichen Menschen. Es reguliert die einschlagenden Kontingenzen, indem es sie mit symbolisch steuerbarer Bedeutung ausstattet. Dabei un-terläuft dem Menschen eine „Kategorienvertauschung", „ein Pharmakon zu einer Gottheit zu erklären".[293]

5. Die Selbstüberhöhung der Intelligenz: Der philosophische Gedanke, dass sich der Geist ins Unendliche vorbewegt, ver-führt zu seiner religiösen Übersteigerung in der Festlegung eines unendlichen, absoluten Geistes.[294]

6. Die Heterotopie des Todes[295]: Die unausweichliche Gren-ze des Todes wird virtualisiert. Es entsteht ein „Ort", der die Limitierung des Lebens als solche bezeichnet, weil er auf der Basis topologischen Denkens das „nach" chiffriert. Die ein-schlägigen religiösen Lebenssprachen für den Tod setzen hier ein – Himmel, Hölle, Paradies, Nirwana.

7. Das Konzept „Offenbarung"[296]: Offenbarungserfahrungen verbürgen den besonderen Zugang zum Transzendenten. Sie statten mit Informationen aus, die zugleich die Ordnung der Welt bestimmen. Die Ermächtigung des Empfängers fällt mit seiner Entmächtigung zusammen, weil er nicht über die Offenbarung verfügt, sondern ihr zu gehorchen hat. Ein pre-käres Autoritätsmodell wird sichtbar, das bereits die Auf-klärung einschlägig markiert hat. Seitdem ist es ins Profane ausgewandert, das strengen Offenbarungen eines göttlichen Boten ein anderes Format gibt.

„Die Devoten alten Schlages stehen vor der Aufgabe, einzuse-hen, wie sehr sie die religiöse Offenbarung als Schlüssel zum

Wesen aller Dinge überschätzt und die Welterhellung durch waches Leben, Wissenschaft und Kunst unterschätzt haben."[297]

Sloterdijks Religionskritik erreicht damit ihren systematischen Kern. Projektion befeuert religiöse Überzeugungen. Der klassische Fortschrittsglaube eines durch die religionspolitischen Stürme gegangenen Humanismus legt sich auf die kommenden Erfolge seiner weltgeschichtlichen Pädagogik fest. Der Glaube muss sich modernisieren –

„bis schließlich klar wird, wie sehr der ‚Wille zum Glauben' den Vorrang vor dem geschenkten Glauben behauptet."[298]

Diese Argumentationsfigur orientiert sich an Sloterdijks früheren Analysen zum „Religionszynismus".[299] Plausibler sind sie seitdem nicht geworden, es sei denn, man halte bloße Unterstellungen für religionskritisch zulassungsfähige Argumente. Wissenschaftstheoretisch ähnlich sauber basieren bereits die angeführten Beobachtungen auf den selbstevidenten Prinzipien einer Entlarvungspsychologie des Religiösen. Den im Einzelnen immer wieder luziden Hinweisen sind darum dennoch theologische Rückfragen zu entnehmen. Sie machen sich an der Funktionsbestimmung religiöser Vorstellungen fest und führen auf ein bereits angezeigtes Problem: die Herausforderung des Nichts für die menschliche Existenz.

Sloterdijk greift es nur indirekt auf, indem er im Zuge machthermeneutischer Religionsanalysen den Gotteszorn als Eifer gegen Abweichendes beschreibt. Die religiösen Politiken der Annihilierung zieht er mit den Konfrontationslinien der Monotheismen aus.[300] Gottes-Zeloten adaptieren „das Eifern Gottes selbst".[301] Sie gewinnen durch Unterwerfung Anteil an der Macht Gottes und nehmen sie in die eigenen Hände. Was Sloterdijk entgeht, ist nicht nur der Einspruch gegen diese grundlegende Gottesersetzung, sondern auch die damit verbundene Kritik am Menschen, dessen Selbstübersteigerung bereits mit den Genesis-Erzählungen von der großen Flut literarisch-theologischen Ausdruck fand. Stattdessen glaubt Sloterdijk an die Reue Gottes, die das Misslingen der eigenen

Kreation zum Anlass von Sühne und Erlösung macht. Eine genauere Analyse der biblischen Narrative könnte demgegenüber ein weiteres Korrektiv einführen: die Rekombination von Macht und Ohnmacht im Zuge einer Theologie des Kreuzes. Der Einspruch gegen die menschlichen Politiken der Vernichtung, die Sloterdijk mit seiner atheistischen Religionskritik verfolgt, besitzt in der Vorstellung vom Tod Jesu Christi am Kreuz einen theologischen Grund: Die Macht der Vernichtung, des Nichts schlechthin, wird in den Raum der Lebensmacht Gottes verlagert. Erlösung liegt in der Befreiung von der Wut des Nichts, vom Drang nach Vernichtung im Dienst der Selbstreproduktion.

Diese Leerstelle der menschlichen Existenz führt in der theologischen Sprache der frühen Konzilien zu christologischen und trinitätstheologischen Anschlussbestimmungen. Sie machen sich an einer erfahrenen Wirklichkeit fest und bestimmen den Raum der Kommunikation von Transzendenz und Immanenz revolutionär neu. Sloterdijk erreicht in seiner Kritik nicht einmal die zugrunde liegenden Fragestellungen.[302] In seinem Traum vom einförmigen Monotheismus ungebrochener Gewalt muss er übergehen, dass die christliche Bestimmung des einen Gottes Politiken der Unterscheidung von den Vielen einschließt. Sie werden jedoch nicht als Abgrenzung gedacht, sondern als Raum der innertrinitarischen Beziehungen erschlossen. Die politische Differenz von inner- und überweltlich, die das Töten im Namen Gottes lizenzieren soll, bleibt an die Selbstbestimmung Gottes in der Geschichte, eben als Mensch und im Menschen, gebunden. Zurecht stellt sich dann aber die Frage, wie sich der konkret angesetzte, aber abstrakt verschobene Gedanke des dreieinen Gottes im Modus personaler Vorstellungen plausibilisieren lässt.[303] An dieser Stelle lässt sich zumindest der theoretische Impuls als solcher präparieren; im Zusammenhang der Diskussion mit Slavoj Žižek wird er an Dynamik gewinnen. Festzuhalten bleibt aber bereits, dass sich das christliche Credo mit dem trinitarischen Monotheismus auf ein grundlegend anderes Gottesbild festlegt, als es Sloterdijks Kritik vor Augen steht. Es verbraucht nicht die Differenzen, sondern gibt ihnen Raum.

Von daher sind auch die weiteren monotheismuskritischen Linien Sloterdijks anders anzusetzen. Wenn er am Sinai mit dem Gesetz der Wahrheit eine „moralisch neue Qualität des Tötens"[304] anbrechen sieht, weil hier ein Prinzip, eine Idee zum politischen Durchbruch kommt, schlägt die kritisierte „Logik der Exterminierung"[305] auf den eigenen Gedanken zurück. Gerade der Monotheismus der Unterscheidung, des Bilderverbots, der Kritik, durchbricht jede Herrschaft, die den König und Gott verwechselt und diesen auf die eigene Rechnung setzt.[306] Israel soll sich dessen bereits schuldig gemacht haben, als es im Exil seinen Gott erfand. Sloterdijk glaubt an eine kompensatorische Gottesimagination, an die Fiktion des Utopischen. Die Texte Israels sprechen demgegenüber von heterotopischen Erfahrungen. Das gelobte Land ist keine Schimäre, sondern als Gotteswirklichkeit aufzufinden. Die Verheißung bewährt sich im Elend der Entfremdung, weil es so als solches sichtbar und kritisierbar wird. Sie bestätigt sich im Widerstand, der das Leben nicht preisgibt, weil es die Potentaten ihrer Gegenwart und aller Zeiten so wollen. Die Verfügungsmacht Gottes tritt im Unterschied zur Gewalt auf – und kann gerade deshalb immer wieder zur Ermächtigung der Ohnmächtigen verführen; zur Adaption des Gottesrechts; zur wenigstens bildlichen Gegengewalt, die bis tief in das Neue Testament hinein die Gefährdung jedes Gottesglaubens bestätigt und zugleich erlaubt, auf der Höhe des belasteten Niveaus das Problem zu bearbeiten.

Das aber wird auf der Basis eines unterscheidungsstarken und also differenzbewussten Gottesglaubens möglich. Die Gottessprachen Israels konterkarieren die eigenen Versuchungen immer wieder mit Bildern der Verantwortung, in denen sich die Thora kristallisiert. Jedenfalls behält das von Sloterdijk inkriminierte „Verlangen nach Überlegenheit über den Überlegenen"[307] nicht das letzte Wort. Die universalistische

Perspektive Israels, die sich im Exil durchsetzt, verbindet den Glauben an den einen Gott mit der Hoffnung für die vielen Völker.

Damit erscheint aber auch der totalisierende Blick auf die „totalitären" Monotheismen[308] korrekturbedürftig. Sloterdijk will mit diesem Code „ein logisches Programm entschlüsseln".[309] Es konzentriert sich in der Formel vom „Summotheismus" gnadenloser Übersteigerungen.[310] Aller Plural wird in den Singular des Größten, des Höchsten, des Allmächtigen, des Einzigen gebannt. Das Diktat der göttlichen Übersteigerung entlädt sich in der Ausschaltung des Anderen und der Vielen. Sloterdijk weist in diesem Zusammenhang auf ein Problem der Gottesprädikation hin. Die transzendente Überkompensation des Immanenten führt nämlich zu einer rationalen Entfernung Gottes. Er nimmt Abstand von der Welt, die ihn nicht erreicht, während umgekehrt genau dieser Gott doch „mehr zur Beziehung als zur Erkenntnis" einlädt.[311] Das Risiko dieses *double bind* liegt auf der Hand. Auf diese Weise „erlöschen an Gott auch die letzten Züge kognitiver Bestimmtheit".[312]

Erneut steht damit das Problem einer hierarchisch aufgesetzten negativen Theologie im Raum. Damit verbindet sich die Herausforderung, sie anders zu entwickeln. Das wiederum lässt sich mit einer weiteren monotheismuskritischen Linie Sloterdijks verbinden. Der theologische „Suprematismus"[313] basiert nach Sloterdijk „auf der starren Verbindung einer einwertigen Ontologie mit einer zweiwertigen Logik".[314] Einwertig ist das Sein; es qualifiziert alle Ableitungen. Zweiwertig läuft die Logik der Bejahung und Verneinung von Existenzverhältnissen ab, mit der die Dinge auf das Sein als *ihr* Sein bzw. Nichtsein bezogen werden. Die entsprechende Identitätslogik richtet den Zwang eliminierender Unterscheidungen ein. Sie laufen logisch ab und lassen sich religionspolitisch einsetzen. Differenzen, Mehrdeutigkeiten, Interpretationen werden beschnitten oder gar getilgt.

Dafür bürgt der „buchgewordene Gott".[315] Seine Ikonoklasten retten das eine Offenbarungswort vor der Buntheit vielfältiger Bilder. Die Repräsentationen verschwinden im Bezug auf das Original, das Geschichte macht. Er wendet sich nach innen wie nach außen. Die eine Wahrheit verträgt nur die Selbstdurchsetzung – gegen die anderen Monotheismen. Und nach innen radiert sie den Unglauben:

> „Durch den Glauben wird der unendliche Regreß des Zweifels und des Driftens in der Überzeugtheit gestoppt."[316]

Heilige Einfalt. Das unterstellte Interesse an Eindeutigkeit reproduziert freilich der Kritiker selbst, indem er der eigenen interpretativen Fundamentalisierungsstrategie nachgibt. Die Einrichtung des Objekts geschieht ohne jeden Zweifel, ohne kritische Selbstüberprüfung, die am Einspruch des Gegners Maß nähme. Kein Wort von der Bedeutung *trinitarischer* Gottesbestimmung im gegebenen Zusammenhang. Kein Hinweis auf die komplexen Justierungen *analoger* Gottesrede. Die binäre Logik der Trennung, an der Sloterdijk die Gewaltförmigkeit der Monotheismen festmacht, wird mit den Identität und Differenz aufspannenden Reflexionsmustern der Trinitätstheologie grundlegend anders aufgesetzt. Der kritische Blick Sloterdijks auf das unleugbare Gewaltpotenzial von Religionen im Allgemeinen und den Monotheismen im Besonderen macht sich nicht zuletzt an jenen apokalyptischen Gotteseiferern fest, die bis heute „die Selbstauflösung im Sein oder im Geist mit der Selbstverzehrung im Dienst am Herrn"[317] verbinden. Sie halten auf den finalen Gottesclash zu. Sie gilt es säkular zu zivilisieren.[318] Denn

> „(s)ie verkörpern die organisierte Form des mangelnden Willens, bis drei zu zählen."[319]

Trinitätstheologisch beim Wort genommen, müsste Sloterdijk den entsprechenden Erweis wohl selbst erst noch erbringen.

## 4.4 Ulrich Beck: Das soziologische Fegefeuer des eigenen Gottes

Wer sich ins römische Zentrum religiöser Macht vorwagt und die Sixtinische Kapelle betritt, in der seit Jahrhunderten die Päpste gewählt werden, sieht sich einem aufregenden Bildensemble ausgesetzt: dem Jüngsten Gericht Michelangelos. Ein apokalyptisches Szenario entfaltet sich im doppelten Zug des Menschen nach oben, himmelwärts, und nach unten, mit höllischen Aussichten. Zunehmend vermutet die intellektuelle Skepsis des 21. Jahrhunderts dort die Religion selbst: als die Hölle, die das Paradies verspricht. Verstört angesichts der prekären Aufmerksamkeitsgewinne, die Religionen politisch und medial oft gleichermaßen zweifelhaft verbuchen, bestimmen ihre Kritiker den Nennwert religiöser Überzeugungen über die Gewaltförmigkeit ihrer Agenten. Religion übersetze ihre paradoxalen Verknüpfungen von Zeit und Ewigkeit in territoriale Politiken, mit denen der transzendente Weltraum diesseitig werde. Eschatologie finde ins Hier und Heute, wenn die religiösen Statthalter Gottes auf Erden ihre Wahrheit dingfest machten. Dabei verschafft sich der inkriminierte gewaltförmige Druck erneut paradoxen Ausdruck in jenen neuen Atheismen, die rhetorisch dieselbe Sprache der Ausschließung sprechen. Ihr Verdikt religiöser Überzeugungen bewegt sich im Bann dessen, aus dem sie sich lösen wollen, in der kritischen Rückweisung dessen, was sich im eigenen Text ein weiteres Mal behauptet. Natürlich bis zum Widerspruch getrieben und auf einen letzten Exorzismus angelegt. Aber doch im Modus dieses *double binds*.

Ulrich Beck hat diesen Zusammenhang in einer Studie „Von der Friedensfähigkeit und dem Gewaltpotential der Religionen" soziologisch ausgearbeitet.[320] Das theoretische Interesse an paradoxen Kopplungsfiguren treibt seinen Ansatz an. Widersprüchliche Figuren konzentrieren sich zum Bild der Religionen heute, mit dem ein eigener Problemüberhang entsteht:

„Das Schlüsselthema von Gewalt und Toleranz spitzt sich in der sich selbst gefährdenden Zivilisation auf die Frage zu: Wie wird *interreligiöse* Toleranz möglich? Wie wird es möglich, die religiösen Anderen als Andere (und nicht als Gleiche) anzuerkennen, nicht als Bestreiter des ‚wahren Glaubens‘ abzuwerten und ihrer religiösen und menschlichen Würde zu berauben? In dieser Frage verbindet sich die historische Rechtfertigung der Religionen mit der Sorge um die Fortexistenz der Menschheit.“[321]

Nachdem die klassischen Ablösungstheorien von Religion abgewirtschaftet haben, weil sie die Rolle von Religionen im Prozess der Modernisierung unterschätzten oder ganz übersahen, kann der postsäkulare Soziologe ihre Bedeutung anerkennen. Gerade die Stellungsverluste von Religionen in der Moderne, zumal des europäischen Christentums, erlauben ihre gegenwärtigen Gewinne. Entlastet vom Geschäft der Welterklärung, das an die Wissenschaften delegiert wurde, und befreit vom Zwang, Herrschaft legitimieren zu sollen, die der Staat inzwischen mit eigenen Sakralisierungen überhöht, kann sich Religion auf ihre eigentliche Aufgabe konzentrieren. Sie besteht darin,

> *„nichts als Religion zu werden*; also die unaufhebbare Spiritualität des Menschseins, das Transzendenzbedürfnis und -bewußtsein der menschlichen Existenz zu wecken, zu kultivieren, zu praktizieren, zu zelebrieren, zu reflektieren und auf diese Weise subjektiv und öffentlich zur Geltung zu bringen.“[322]

Liest man richtig? Der Soziologe verwandelt sich unter der Hand zum Metaphysiker. Er weiß ums ewig Menschliche im Spiegel spiritueller Bedürfnisse wie um das Wesen der Religion. Eben noch Anti-Essentialist, bedient der implizite Theologe seine Perspektive auf paradoxe Funktionsmuster von Religion unter den Bedingungen der zweiten Moderne. Bereits die Frage nach der historischen Rechtfertigung von Religion sprengt den deskriptiv-analytischen Rahmen, den sich der Soziologe methodisch zuschreibt. Damit aber wird das brisante Grenzproblem der Religion auf den Punkt gebracht.

Für Beck artikuliert es sich in der Neuformatierung von Religion unter dem Kennzeichen des eigenen Gottes. Er ersetzt den alten Gott der verbindlichen Traditionen. Die klassische Säkularisierungsthese muss auf dieser Linie modifiziert werden: Religion stirbt nicht aus, sondern wird individualisiert. Es entstehen neue „Bastelreligionen"[323], deren Maßstab das „souveräne Selbst"[324] stellt. Die Wahlidentitäten der Religionsteilnahme laufen über Ambivalenzen und Mehrdeutigkeiten. Das gilt im Übrigen auch für den Islam. Die Entkoppelung von Religion und angestammter Kultur erlaubt eine Rekombination von Versatzstücken, mit denen sich ein Islam der Reinheit erfinden lässt.[325] Das „historisch Neue der religiösen *conditio humana* am Beginn des 21. Jahrhunderts"[326] wird sichtbar. Verfasste Großreligionen stehen mit verschiedensten religiösen Bewegungen in Kontakt, und im Weltraum der Kommunikation ent- und begrenzen sich die Topologien der jeweiligen Identitäten gleichermaßen. Das adressiert das Problem der Domestizierung weltreligiöser Wahrheitsansprüche, vor allem der monotheistischen.[327] Im Abgleich der verschiedenen Absolutismen setzen sich ihre Gewaltambitionen ab. Wer den Anderen nur auf der Folie der eigenen Gottesüberzeugungen sehen kann, erfasst ihn bestenfalls als Aspekt jener subjektiven Transzendenzbestimmung, die er als *seine* Religion objektiv macht. Einen Ausweg sieht Beck „durch einen Typus der Toleranz, dessen Ziel nicht Wahrheit, aber Frieden ist".[328] Der Königsweg religiöser Gewaltkontaminierung besteht in der Verdampfung starker Geltungsansprüche. Handelt es sich dabei letztlich vielleicht doch um die Spätgeburt des autonomen Subjekts der Aufklärung, das sich durch säkularisierte Religion hindurch heiligt?

Mit der vorgeschlagenen Enteignung tragender Wahrheitsansprüche wird vorausgesetzt, dass eine Religion wie das Christentum aus den eigenen religiösen und theologischen Ressourcen heraus nicht friedensfähig ist, wenn es zugleich starke Geltungsansprüche erhebt. Beck sieht zwar die Fähigkeiten von Religion, sich in der reflexiven Moderne selbstkritisch zu bestimmen und auf diese Weise einen Beitrag zur Verarbeitung der auftretenden Aporien der Globalisierung, namentlich ihrer Gerechtigkeitsprobleme, zu leisten. Aber die theologische Aufleistung der eigenen Ambivalenzen von Toleranz und Gewalt, von Individualisierung und Vergesellschaftung, von unbedingter Überzeugung und der Wertschätzung anderer Glaubenswelten bleibt unterbestimmt. Christlich vollzieht sich Tradition immer auch in Form von Traditionskritik. Sie implantiert die notwendige Fähigkeit zur Selbstrelativierung, die aus theologischen Gründen unabdingbar bleibt. Das geht aber letztlich nur, wenn man nicht an den *eigenen Gott* glaubt, sondern sich von der Wirklichkeit Gottes herausfordern lässt, die jede Identitätspolitik auf den Prüfstand stellt. Theologie des Kreuzes; die Rede von der *maior dissimilitudo*, also vom je größeren Gott; die Einsicht in das eschatologische Ausstehen Gottes und sein Gericht auch über jede Gottesrede – das wären christliche Gegengifte gegen jede Versuchung zur Gewalt im Namen des Gottes, den man in die eigenen Hände nimmt. Wenn Religion im Modus reflexiver Modernisierung untersucht wird, welche Relevanz besitzen dann die Programme, mit denen Religionen und ihre Theologien darauf reagieren (z. B. katholisch das Zweite Vatikanische Konzil)?

Die implizite Theologie des „eigenen Gottes" verfängt sich im Paradox des methodischen Ansatzes. Wer „Frieden statt Wahrheit" sagt, konstruiert eine neue religiöse Wissensform. Im Gegenzug wird der Beitrag der theologischen Innensichten aus den verschiedenen Religionen überspielt, also die Fähigkeit, Säkularität und Säkularisation reflexiv aufzuleisten, Individualisierung kritisch zu justieren oder die in Rede stehenden Probleme von Gewalt, Gerechtigkeit und Frieden mit religiösen Konzepten zu bearbeiten. Was Beck fehlt, ist der konstitutive Sinn für die Explorationskraft des theologischen Gedankens. Mit seiner impliziten Theologie führt er in das Fegefeuer des individualisierten Gottesmanagements. Anders als vor Michelangelos theologischer Intervention, die er als Gericht malte, ist man auf diese Weise nicht länger mit der Wahrheit über sich selbst konfrontiert, sondern mit einem Gott, der in Gefahr steht, dem affirmierten Selbst zum Verwechseln ähnlich zu sehen. Vielleicht führt dies in die eigentlichen Höllen der Moderne.

## 4.5 Das Inventar der klassischen Fragen: Im Fokus der Theodizeefrage

Die kulturtheoretisch aufgelegten Atheismen verbinden sich immer wieder mit einem klassischen Set von Fragen. In jüngster Zeit haben sie Norbert Hoerster[329] und Burkhard Müller[330] noch einmal fokussiert, dabei aber eine bemerkenswerte Nachdenklichkeit und Sensibilität im Umgang mit theistischen Überzeugungen zu erkennen gegeben.[331] Ihre Position lässt sich als „Gentleman-Atheismus"[332] charakterisieren, der an einer aufrichtigen und offenen Auseinandersetzung interessiert ist. Seine Argumentationsmuster speichern das bekannte Repertoire von Einwänden auf:[333]

- Der Gottesglaube wird als Resultat der menschlichen Bedürfnisstrukturen ermittelt.
- Gott wird als unzureichendes Erklärungsmodell für die Existenz der Welt angesehen, sei es, weil andere Modelle naturwissenschaftlich überzeugender argumentieren, sei es, weil sich die Frage nach einer letzten Ursache auch an Gott selbst stellen lässt.
- Gott als Garant eines letzten Sinns – zumal im Horizont der Zeit-Problematik und der Vergänglichkeit von allem – scheidet deshalb aus, weil es keine überzeugenden Geschichtstatsachen gibt, die für die Existenz eines – alles erhaltenden, liebenden, gerechten – Gottes sprechen.
- Vor allem die als ungelöst betrachtete Theodizeefrage verlangt, „vom Leiden in der Welt auf die Wahrheit des Atheismus zu schließen".[334]

Norbert Hoerster fasst dieses Programm in ein Frageformular[335]:

- „Kann der Gottesglaube vernünftig sein?"
- „Was verstehen wir unter Gott?"
- „Wird durch die Existenz Gottes die Welt erklärt?"
- „Offenbart sich uns Gott?"
- „Ist Gott unverzichtbar für die Moral?"
- „Gibt der Gottesglaube unserem Leben Sinn?"
- „Warum läßt Gott das Übel zu?"

Im kritischen Durchgang der Einwände wäre zunächst zu klären, welche Argumente als begründungsfähig zugelassen werden.[336] Hängt ihre Explorationskraft davon ab, letzte, also rational unhintergehbare Erklärungen beizusteuern? Dann wäre daran zu erinnern, dass die Plausibilität von Weltsichten und das Benennen von Gründen auch dann eine Rolle spielt, wenn – wie in ethischen Fragen – Letztbegründungen nicht zur Verfügung stehen.

Der christliche Theismus versteht unter Gott die alles tragende Lebensmacht. Sie wird mit Attributen erfasst, die ihre menschliche Erfahrbarkeit an die Transzendenz ihrer Ausdrucksformen koppelt. Die theistische Grammatik verbindet also positive und negative Sprechmuster miteinander, um sie für die radikale Transzendenz Gottes offen zu halten, die sich in der Geschichte zeigt. Mit dem Konzept „Gott" wird die Welt also nicht erklärt, wie dies in naturwissenschaftlichen Verfahren geschehen muss, weil Gott nicht kontingenter Aspekt, sondern letzter Grund der Welt ist. Er wird als die Größe erfahren, die sich im unendlichen Suchen nach letzten Gründen als das zeigt, was nicht nur erfragt wird, sondern die Möglichkeit des Fragens qualifiziert: als radikale Transzendenz.[337] Dies kann letztlich nur geschichtlich bestimmt werden, als Erfahrung.

Die christliche Rede von Offenbarung macht sie im Leben, Tod und in der Auferweckung des Jesus von Nazaret fest, in dem sich die Lebensmacht Gottes über das Maß menschlicher Möglichkeiten hinaus durchsetzt. Das jesuanische Ethos lässt sich auch in anderen Zusammenhängen material entwickeln. Moral lässt sich unterschiedlich begründen. Aber der Überhang jeder ethischen Entscheidung, die sich in unabgeltbarer Schuld zeigt, drängt auf eine letzte, umfassende Gerechtigkeit hin, die sich erst erschließt, wenn es auch für die Mörder der Geschichte noch einen Raum der Versöhnung mit ihren sinnlos weggeschlachteten Opfern geben kann. Erst mit dieser Hoffnung auf ein letztes „Gericht" als Modus äußerster Gerechtigkeit erreicht Moral das Ziel, auf das sie tendiert – oder sie bleibt absurd mit dem Sieg der Hitler dieser Welt. In dieser Hoffnung erschließt sich, was sich im individuellen Sinn unserer Existenzen nur auf Abruf herstellen lässt, bis zum Widerruf des Gelebten im Moment seines Untergangs, des Todes.[338] Dass der Tod nicht das letzte Wort hat, kann eine Hoffnung benennen, die sich an einem geschichtlichen Zeugnis festmacht, das über alles vernünftig Erwartbare hinaus jedes rationale Kalkül überschreitet. Dass dies denkunmöglich sein soll, lässt sich so wenig erweisen wie umgekehrt seine Herleitbarkeit – es sei denn im Vertrauen auf eine schöpferische, alles unterfassende Lebensmacht, die sich im Gottesglauben durchsetzt. Die Chiffre „Gott" bestimmt die Grenze unseres Denkens und Sprechens, indem sie eine entsprechende existenzielle Erfahrung artikuliert. Die Vernunft benennt die Grenzen dessen, was fassbar erscheint. Sie arbeitet sich am Geheimnis unserer Wirklichkeit im Ganzen ab. Noch nach jeder naturwissenschaftlichen Erklärung bleibt die Frage nach ihrer Möglichkeit offen. Die Erfahrung des Glaubens setzt Gott von daher nicht als Erklärungsgaranten einer auch atheistisch geteilten Einsicht ein, „daß es zu nichts führt, wenn man die Welt innerhalb der Welt herleiten will."[339] Gott ist nicht Teil der Kausalketten, sondern wird theologisch als Grund und Erfahrungsraum des Unendlichen der Welt bestimmt, weil er in der Geschichte als Einbruch des Unendlichen im Endlichen erfahren wird: in der unabschaffbaren formalen Transzendenz unserer Existenz wie, noch einmal christlich zugespitzt, in der Lebensgeschichte des Jesus von Nazaret.

Die Grenzen der Vernunft zeigen sich gerade in Orientierungsfragen, die Existenzentscheidungen betreffen. Ebenso lassen sich ästhetische Einsichten in einen offenen Abtausch des Gebens und Nehmens von Gründen einspeisen, die wiederum mit lebensweltlich bestimmten Evidenzen korrespondieren. Erfahrungen lassen sich in ihrem Entstehungskontext bestimmen, aber nicht vollständig aufklären. Die Erfahrung der Existenz Gottes bildet dabei den Sonderfall eines Wirklichkeitszugangs, der über die Erfahrbarkeit der Welt im Ganzen entscheidet. Es geht nicht um eine einzelne Erfahrung, sondern in ihr um das, was mit ihr aufgeht. Für die Jünger Jesu wird im Zeugnis der Evangelien der innere Zusammenhang zwischen seinem Leben, seiner Reich Gottes-Botschaft und dem darin vermittelten Gott als gedanklich so konsistent und als lebenspraktisch so kohärent erfahren, dass sie in der Erfahrung der Auferweckung des Gekreuzigten die Lebensmacht Gottes als die alles entscheidende Wirklichkeit und zugleich als tragenden Grund dieser Wirklichkeit entdecken.

Gott ist vor diesem Hintergrund nicht als naturwissenschaftliches Erklärungsmodell zu verstehen. Die Bedeutung des Glaubens an Gott als Schöpfer der Welt artikuliert die Überzeugung, dass sich jenseits der in Tod, Leben und Auferweckung Jesu erfahrenen Lebensmacht Gottes keine andere Macht vorstellen lässt, die nicht von ihr umfasst und getragen wäre. Diese Gotteserfahrung wird zum Interpretament der Erfahrung verfügter Unverfügbarkeit, wie sie unseren Selbst- und Weltverhältnissen immer wieder zugrunde liegt. Das Fragen nach einem letzten Grund, nach einem voranfänglichen Anfang etc. kommen an kein Ende – und so bewegt sich auch die theologische Arbeit am Gottesbegriff im Raum von Aussagen, die alle Prädikationen der Andersheit Gottes zuordnen. Gründe zu geben jenseits der Hoffnung auf letzte Gründe, die nicht ihrerseits einen Anfang gesetzt haben, ist das Schicksal der menschlichen Vernunft, ihre Begrenzung, die zugleich über sich hinaus ins Unbegrenzbare weiterführt. Der Theismus bietet für diese Erfahrung ebenso eine Grammatik an wie für die Erfahrung jener Geschichte gewordenen Verwicklung von Transzendenz und Immenanz, die sich im Weltraum der Religionen abbildet und sich für Christen im Christusereignis paradigmatisch, singulär als Ereignis, nicht als spekulativer Gedanke, vollzogen hat.

Das Problem geschichtlich situierter Gotteserkenntnis wird im Horizont der Theodizeefrage angeschärft. Sie ist theologisch von der erkenntnistheoretischen Umstellung her anzugehen, die das Buch Ijob aufzwingt. Den ältesten Kern dieser Schrift bildet die Rahmenerzählung (1–2; 42,7–17). Führen wir uns den Ausgangspunkt (Kap. 1) kurz vor:

> 6 Nun geschah es eines Tages, da kamen die Gottessöhne, um vor den Herrn hinzutreten; unter ihnen kam auch der Satan.
>
> 7 Der Herr sprach zum Satan: Woher kommst du? Der Satan antwortete dem Herrn und sprach: Die Erde habe ich durchstreift, hin und her.
>
> 8 Der Herr sprach zum Satan: Hast du auf meinen Knecht Ijob geachtet? Seinesgleichen gibt es nicht auf der Erde, so untadelig und rechtschaffen, er fürchtet Gott und meidet das Böse.
>
> 9 Der Satan antwortete dem Herrn und sagte: Geschieht es ohne Grund, daß Ijob Gott fürchtet?
>
> 10 Bist du es nicht, der ihn, sein Haus und all das Seine ringsum beschützt? Das Tun seiner Hände hast du gesegnet; sein Besitz hat sich weit ausgebreitet im Land.
>
> 11 Aber streck nur deine Hand gegen ihn aus, und rühr an all das, was sein ist; wahrhaftig, er wird dir ins Angesicht fluchen.
>
> 12 Der Herr sprach zum Satan: Gut, all sein Besitz ist in deiner Hand, nur gegen ihn selbst streck deine Hand nicht aus! Darauf ging der Satan weg vom Angesicht des Herrn.

Archaisches Material wird hier sichtbar, kunstvoll zu einer Geschichte verarbeitet, die das Problem des leidenden Menschen vor Gott entwickelt. Die Himmelsszene markiert den unendlichen Abstand von Gott und Mensch. Entsprechend muss Ijob hier als der geduldig Leidende auftreten. Noch als Spielball fremder Interessen bewahrt er einen unerschütterten Gottesglauben. Er vollzieht das Trauerritual und zieht ein theologisches Fazit, das nicht erst heute formelhaft erscheint:

1,20 Nun stand Ijob auf, zerriß sein Gewand, schor sich das Haupt, fiel auf die Erde und betete an.

21 Dann sagte er: Nackt kam ich hervor aus dem Schoß meiner Mutter; nackt kehre ich dahin zurück. Der Herr hat gegeben, der Herr hat genommen; gelobt sei der Name des Herrn.

22 Bei alldem sündigte Ijob nicht und äußerte nichts Ungehöriges gegen Gott.

Umgekehrt glaubt auch Gott an seinen Knecht. Und so geht er, moralisch ungeniert, seine frühe Wette mit dem Satan ein: Der kann Ijob schlagen, um seine Standfestigkeit zu prüfen. Im Himmel sitzt der Ursprung des Leidens. Die Willkür Gottes wird nur dadurch gebändigt, dass er vom guten Ausgang der Ereignisse überzeugt ist. Die anthropomorphe Strategie der Erzählung bricht sich dabei an der Logik des Narrativs, denn Gott bleibt letztlich eine radikal transzendente Größe. Ein Gott, der sich für den Ijob der Rahmenerzählung als eine entzogene, unerreichbare Größe darstellt. Schließlich kann er diesen Gott nicht als realen Gesprächspartner erfahren. Er muss hinnehmen, was kommt. Er muss Ja sagen, um zu bestätigen, was der Satan in Zweifel zog: dass Ijob nicht aus irgendwelchen Gründen, nicht wegen seines Reichtums, nicht wegen des erfahrenen Gottesschutzes (1,9) gottesfürchtig ist, sondern allein um Gottes selbst willen.

In diesem narrativen Spannungsmoment darf man den Ausdruck eines dramatischen Reflexionsprozesses vermuten. Der allzu menschliche Gott, der ins mythische Himmelsgewand gekleidet wird, muss aus theologischen Gründen zugleich in der radikalen Transzendenz seines Willens gekennzeichnet werden. Nur aus himmlischer Sicht wird der Blick in die Spielkarten Gottes vorstellbar. Mit dem Ijob der Erzählung wird uns dieser Blick nur aus einer Perspektive möglich, die menschlich zugleich als unmöglich markiert wird. Es ist diese Spannung, die sich in der weiteren Komposition des Ijob-Buches an einem anderen Punkt durchsetzt. Wir stehen mitten auf dem Weg eines anspruchsvollen theologischen Programms. Die frühnachexilische Entstehung der Grundschicht des Textes steht im monotheistischen Umbruch. Darauf weist die nicht-israelitische Herkunft des Ijob hin. Ludger Schwienhorst-Schönberger sieht in der entsprechenden „theo-logischen Weite" eine „implizit universal-monotheistische Tendenz."[340]

Dann aber radikalisiert dieser Ijob das Problem des Leids. Es lässt sich nicht mehr mit Verweis auf den Satan oder andere untergeordnete Himmelsmächte ausreden. Gott steht selbst in Frage. Er muss vom transzendenten Thron seiner offensichtlich unzureichenden Herrschaft herabsteigen, um sich dem Menschen zu stellen. Und genau darin besteht die erstaunliche redaktionelle Leistung jener Theologen, die Zug um Zug den Text erweiterten und damit zugleich veränderten, ja seine ursprüngliche theologische Intuition dekonstruierten. Zunächst fügte mann den Dialogteil (3–27; 29–31; 38–42,6), dann wahrscheinlich die Elihu-Reden ein (32–37).

Vor allem eins ist theologisch aufschlussreich: Am Anfang wie am Ende kann man Momente einer Theologie des transzendenten Geheimnisses Gottes entdecken. Aber zwischen den jeweiligen Antwortversuchen liegen nicht nur unterschiedliche Schichten der Erzählung, sondern der Durchgang ihrer Argumente. Das Buch Ijob ist ein breit angelegter Diskurs, ein Prozess des Nachdenkens selbst, der den sich entfesselnden Gottesstreit performativ vollzieht. Sowohl Ijob und seine Freunde als auch die Leserinnen werden in diesen Prozess gezwungen. Der Abtausch der Argumente vollzieht sich im Jetzt der Lektüre.

Das aber artikuliert einen bedeutsamen Vorgang. Der Gott, der sich am Ende ins diskursive Geschäft einmischt, verändert nicht nur die Ausgangsposition, sondern auch die Leser. Am Anfang war er in seiner allzu menschlichen Gestalt eine menschenlose und vielleicht auch deshalb *unmenschliche* Figur. Am Ende erweist sich seine Transzendenz gerade im Gespräch mit dem Menschen, in konkreter Auseinandersetzung, in der Erfahrbarkeit seiner Nähe, die man so oft vermisst. Sie tritt als Text im Prozess des Lesens und also des nachvollziehenden und unweigerlich engagierenden Gottesstreits auf. Die narrative Regie arbeitet mit einer impliziten Theologie, die sich in der Konfrontation mit dem Text durchsetzt. Gott wird erfahrbar im Gottesstreit, genauer: in der existenziellen wie intellektuellen Gottesarbeit.

Deshalb erscheint das Buch Ijob gerade in seinen rezepthaften Partien, sei es des Anfangs, sei es mancher Redestücke der Freunde, besonders problematisch. Die Einsicht in das bleibende Geheimnis Gottes kann nur mühsam gewonnen werden, und wie man den Text immer wieder neu lesen muss, so steht auch diese Antwort nicht einfach fest. Oder man würde zum unbewegten Ijob des Anfangs, dem missverständlichen Prototyp des leidensresistenten Menschen, der deshalb keiner mehr ist, weil er *apathisch* erscheint. Stattdessen kann die Wahrheit über Gott nur im Kampf, im unabschaffbaren Widerstand erfahren werden. Und das wiederum ist eine Offenbarung. Sie besteht im Prozess. Sie kommt nicht als bloßes Nullsummenspiel höherer theologischer Mathematik im Verrechnen von Leid daher.

Dass es sich um einen *Vorgang* handelt, halten die kaum geglätteten Schnitte in der Textur des Buches fest. Immer wieder haben Redaktionen das Problem neu aufgerollt. Die Position der Freunde verändert sich nach und nach. Anfangs von der Unschuld des Ijob überzeugt, sieht sich Elifas irgendwann genötigt, den theologischen Schluss aus dem gegebenen Leid des Ijob zu ziehen. Gott ist gerecht. Wenn Ijob leidet, muss er sich vor diesem Gott etwas zuschulden kommen lassen haben:

„Wegen deiner Gottesfurcht sollte er dich strafen, / vor Gericht mit dir gehen?
Ist nicht groß deine Bosheit, / ohne Ende dein Verschulden?" (22, 4 f)

Schon die Ijobsgestalt änderte sich mit dem Einsetzen der Dialogpassagen. Unvermittelt wird aus dem Dulder ein Streiter. Der Übergang als solcher aber erscheint der Redaktion offensichtlich theologisch notwendig, sonst wäre er entschärft oder geglättet worden – oder ein konkurrierender Ijob entstanden. Das wiederum legt nahe, dass der bereits bedeutsame Text einer Überarbeitung bedurfte. Der Rahmen verlangte mit seiner Theologie eine Korrektur, die sich in der veränderten Haltung des Ijob zeigte. Am Ende bleibt Gott Geheimnis – aber im Sinne der Redaktion kann es auch gleichsam eine Blasphemie, falsche Rede von Gott sein, wenn man dies allzu schnell, allzu harmlos, also unbefragt ausspricht.

Folgt man dem Aufbau des Buches, ergibt sich eine theologische Problemgeschichte. Ihre entscheidende Aussage wird im Zuge einer doppelten Kritik getroffen: Einerseits wird Ijob korrigiert, andererseits die Gottesrede der Freunde zurückgewiesen.

> „Als der Herr diese Worte zu Ijob gesprochen hatte, sagte der Herr zu Elifas von Teman: Mein Zorn ist entbrannt gegen dich und deine beiden Gefährten; denn ihr habt nicht recht von mir geredet wie mein Knecht Ijob." (42,7)

Damit ist aber die Frage nach dem Ursprung des Leids nicht geklärt. Man muss sie im Geheimnis Gottes selbst suchen. Er schafft Ordnung, auch wenn sie für den Menschen als Chaos erfahren wird. Damit verbindet sich ein theologisch anspruchsvolles Programm, das – noch einmal – Ludger Schwienhorst-Schönberger auf den Punkt bringt:

> „Die dem Chaos immer wieder neu abgerungene Ordnung kann vom Menschen (Ijob) weder hergestellt, noch in ihren Gründen voll durchschaut werden, sie ist wunderbar, schrecklich und erhaben zugleich. So (er)lösen die Gottesreden – noch vor der expliziten ‚Wiederherstellung' – Ijob gewissermaßen aus einer in sich selbst verschlossenen Anthropozentrik. Damit entsprechen sie seinem Verlangen nach einer Antwort des Allmächtigen auf erwartbar-unerwartbare Weise. Die hier vollzogene Bewegung läßt sich beschreiben als eine Bewegung von der Anthropozentrik über die Kosmozentrik zur Theozentrik. Versuchten die Freunde vergeblich, Ijobs Haltung direkt zu brechen, so gelingt es den Gottesreden auf indirekte Art, Ijob aus der Verweigerung

seines Einverständnisses zu lösen, indem sie ihm das Geheimnis der Schöpfung als Metapher für sein eigenes Leiden vor Augen führen. Seine Fragen und Klagen werden nicht von unbeteiligten Dritten beantwortet, sondern von dem in der Schöpfung geheimnisvoll anwesenden und ihm antwortenden Gott gestillt (42,5)."[341]

Eine theologische Leseanweisung entsteht. Sie beharrt auf den streitbaren Umwegen zu Gott. Darauf, sich Gott zu stellen. Was nämlich der Ijob der Redepartien tut, wird vom Rahmen als Blasphemie gekennzeichnet. Umgekehrt wird exakt dieses Verhalten zum Anlass der originalen Gottesoffenbarung. Auch das wiederum hat erkenntnistheoretischen Rang. Nach einer Beobachtung von Jack Miles hat im kanonisierten Text Gott das letzte Mal im Buch Ijob selbst das Wort ergriffen, ohne vermittelnde Formen oder Figuren. Gottes Offenbarung bindet sich unter dieser Rücksicht an die authentische Existenz, an das Fragen, an die Zweifel, an die Not der Menschen. Der anthropomorphe Gott des Anfangs war ohne menschliche Rücksicht. Nun wird der Gott, der darauf besteht, dass man ihm nicht in die Karten schauen kann – schließlich war auch Ijob nicht bei der Schöpfung zugegen – zu einem Gott, der den Menschen als Gesprächspartner ernst nimmt; der ihm Lebensraum gibt. Insofern ist dann auch das Ende der Erzählung nicht das nachholende Happy End:

> „Der Herr wendete das Geschick Ijobs, als er für seinen Nächsten Fürbitte einlegte; und der Herr mehrte den Besitz Ijobs auf das Doppelte." (42,10)

Vielmehr handelt es sich um die in der Fiktion eingeholte Überzeugung, dass dieser Gott ein Gott des Lebens ist. Das hat wiederum eine besondere Konsequenz: Der Gott, der aus bloßen „Anführungszeichen" heraustreten soll, muss als lebendige Größe bestimmt werden. Das Risiko dieser Gotteserwägung geht das Buch Ijob ein. Es markiert das Problem des Leids *offenbarungstheologisch* und versteht die Auseinandersetzung mit Gott, das *Rechten mit ihm* (Ijob 13,3), die scharfe

Frage nach der Gerechtigkeit Gottes (Ijob 10,6 f), nach seiner Verborgenheit (Ijob 13,24), als einen Offenbarungsvorgang. Es gibt keinen Ort, an dem eine Offenbarung Gottes vorab auszuschließen wäre. Das Problem besteht darin, den „Ort der Einsicht" (Ijob 28,20) zu finden. Ijobs Erkenntnis setzt der Suche des Menschen *im Finstern eine Grenze* (Ijob 28,3):

> „Gott ist es, der den Weg zu ihr weiß, und nur er kennt ihren Ort." (28, 23)

Die offenbarende Selbstverortung Gottes geschieht in einer Einsicht, die wiederum im Ringen mit und um Gott *von ihm* ermöglicht wird: dass Er noch dort, wo Er fehlt, gegenwärtig bleibt – auch und nicht zuletzt in diesem Vorgang des Suchens, in der „Furcht vor dem Herrn" und im Tun des Guten (Ijob 28,28).

Das führt zu einer erkenntnistheoretischen Umstellung der Theodizeefrage. Sie macht nur Sinn, weil sie nur adressierbar wird, wenn die Macht Gottes nicht nachträglich zu erweisen ist, sondern als Bestimmungsrahmen der *theologischen* Frage nach der Existenz Gottes angesichts des unsagbaren Leids ernst genommen wird. Die philosophische schneidet die theologische Frage; beide verlaufen nicht parallel, noch verschmelzen sie. Man findet aus der Alternativenbildung des Theodizeeproblems logisch nicht heraus. Aber genau an diesem Punkt verläuft die Grenze der theologischen Frage. Es ist keine Grenze der Unvernunft, sondern der Bestimmung dessen, was als Logos der Vernunft begriffen wird; was den Magnetismus der Argumente polt, was den unabschließbaren Ablauf des Nehmens und Gebens von Gründen *justiert*. Die Theodizeefrage wäre insofern die Sprache einer notwendigen messianischen Unruhe, die Artikulation eines unabfindbaren Vorgriffs, die politische Konkretion einer Hoffnung, die auf ihre letzte Bestimmung wartet. Das aber verändert auch die Erwartungshaltung, mit der man auf etwas Anderes als eine „Antwort" setzt – für eine gleichwohl unausweichliche Frage.

Das wiederum markiert den Unterschied der philosophisch und theologisch ausgelegten Theodizeefrage. Der christliche Glaube macht sich an einem singulären Ereignis der Geschichte fest: an der Erfahrung der Gotteswirklichkeit in Jesus von Nazaret, in seinem Leben, seinem Tod und seiner Auferweckung von den Toten. Von diesem Ereignis aus nimmt der Glaube seinen Lauf – nicht von den Politiken unseres Begehrens, nicht von der Triebkraft der Wünsche. Dass sie sich in diesem Geschehen wiederfinden und erfüllt, genauer: erlöst werden, ändert nichts am theologisch bestimmten und im Ductus der Passionserzählungen festzuhaltenden Anker des Glaubens – eben der Jesus-Geschichte. Ihr Schock wird nicht durch nachträgliche Selbstbestätigung frustrierter Jünger therapiert, sondern bebt in den Texten nach.[342] Sie bleiben von einer Spannung durchzogen, die nicht verschwiegen wird. Der Glaube, der hier entsteht, setzt einen neuen Anfang. Er geht über das hinaus, was zu erwarten war. Darin besteht die Logik des Glaubens. Seine eigentümliche Vernunft beruht in der vertrauenden Annahme eines Geschehens, das alles übersteigt, was wir wünschen konnten, und doch eine menschlich tief sitzende Hoffnung erfüllt: dass der Tod die Liebe nicht verschlingt. Das mag unwahrscheinlich sein, aber der Maßstab aller Geschichtswahrscheinlichkeit wird vom singulären Ereignis, das die Evangelien in der vierfachen Gespanntheit theologischer Expressivität überliefern, auf die Probe gestellt.

Die markinische Konfiguration des Todes Jesu erlaubt dabei eine eigene Antwort auf die Frage nach dem Zusammenhang von Gott und Leid, wie sie das Buch Ijob adressiert. Das Problem des Chaos wird von Markus aufgegriffen und in einen messianischen Erzählfluss eingespeist. Als Jesus stirbt (Mk 15,33), setzt sich die Macht des Chaos durch.[343] Sie wird gebrochen mit dem Menschensohn, der am Ende der Zeiten Gericht hält, also eine Ordnung herstellt, die Gerechtigkeit schafft und den Tod durchbricht. In einer markinischen Wendung der philosophischen Theodizeefrage zeichnet sich eine theologische Antwort ab, deren Logik an der Geschichte des sterbenden Jesus haftet und eine Hoffnung freisetzt, die sich für die kanonischen Evangelien in den Erzählungen von der Auferweckung des Gekreuzigten bestätigen. Die Antwort auf die Fragen, die sich am Gottesglauben entzünden, kann nur Gott selbst geben. In diesem Sinn lässt sich nicht Gott selbst rechtfertigen – das wäre eine theologische Anmaßung. Wohl aber ist der Glaube an Gott aufgefordert, seine Gründe zu nennen – und die Evangelien tun dies, indem sie die Geschichte Jesu als die Geschichte vom Geschichtshandeln Gottes gegen allen Anschein erzählen.

Hat man Gott erst einmal preisgegeben, methodisch in Klammern gesetzt, kann man nicht mehr einholen, was von Grund auf biblische Gottesrede und -erfahrung etabliert[344]: dass sich die Offenbarung Gottes im Modus seiner Verborgenheit durchsetzt; dass sich Gott in der Nähe intimster Erfahrung als das äußerste Geheimnis unserer Existenz und der Welt zur Sprache bringt. Ob diese Gotteserfahrung angesichts ihrer notwendigen Problematisierung im Rahmen der Theodizeefrage bestehen kann, lässt sich aber nur angemessen beantworten, wenn man die Singularität eines geschichtlichen Ereignisses und seiner Erfahrung *theoretisch* vorab einräumen kann. Die Erfahrung der Auferweckung des Gekreuzigten bleibt, christlich, ihr Haftpunkt. Dass sich der Gott, zu dem der Gekreuzigte betet, als Gott des Lebens über allen Tod hinaus erwiesen hat – das markiert die Basis der unausweichlichen Anschlussfragen an den Gott, der in den menschlichen Leidensgeschichten nicht eingegriffen hat.[345]

Jedenfalls geschieht dies nicht anders, als es Dietrich Bonhoeffer in seiner Tegeler Gefängniszelle auffasst und zum Ausgangspunkt seiner Theologie des Gottesverlusts in der Moderne macht. Gott ist keine einfach gegebene Größe. Die Macht Gottes setzt sich nicht offensichtlich und eindeutig durch. Wir erleben sie nur in der Gestalt seiner Ohnmacht in dieser Welt.[346] Christologisch grundsätzlich gewendet, heißt das für Bonhoeffer:

„Nur wenn man die Unaussprechlichkeit des Namens Gottes kennt, darf man auch einmal den Namen Jesus Christus aussprechen; nur wenn man das Leben und die Erde so liebt, daß mit ihr alles verloren zu sein scheint, darf man an die Auferstehung der Toten und eine neue Welt glauben".[347]

Die Glaubwürdigkeit der singulären Auferweckungserfahrung des Gekreuzigten kann dabei nur am Ereignis selbst ihr Maß finden. Seine umstürzende Kraft – man denke an die metaphorische Ausgestaltung des Damaskus-Erlebnisses in der Apostelgeschichte – lässt sich im Rahmen unserer Wahrnehmungsmöglichkeiten auffassen und muss doch aus sich selbst heraus schon *konstitutiv* einen neuen Bezugsrahmen unserer Wirklichkeitsverhältnisse einrichten. Die Offenbarungskraft des Ereignisses, das interpretationsgebunden und also mehrdeutig bleiben muss, richtet eine neue Ordnung der Dinge ein. Damit wird aber, erkenntnistheologisch entscheidend, alle Rede von Gott erfahrungstheologisch justiert. Nur im Modus einer geschichtlichen Vernunft, also einer in der Geschichte und an ihr ausgerichteten Rationalität, lässt sich die Bedeutung der Gottesrede kritisch bestimmen.

# 5. Die *neuen* Atheismen – dekonstruktive Entkoppelungsfiguren

## 5.1 Dawkins & Co – neue Atheisten?

Eine Frage gewinnt vor dem Hintergrund der diskutierten atheistischen Neuauflagen besonderes Gewicht: Was ist neu an den neuen Atheismen? Ihr religionspolitischer Anlass, das Erstarken kriegerisch ambitionierter religiöser Fundamentalismen, ist sicher von erheblicher Aktualität. Aber die Frage nach dem Zusammenhang von Religion und Gewalt ist so neu nicht. Kaum anders verhält es sich mit jenen Argumentationsfiguren, die im Zuge eines szientifischen Naturalismus religiöse Vorstellungen ausschließlich auf ihre materiellen Voraussetzungen festlegen. Evolutionsbiologisch kann Religion als Wettbewerbsvorteil im Kampf ums Überleben beschrieben werden. Neurophysiologisch lässt sich Gott als Destillat unserer Hirnfunktionen entwickeln. Über die Wirklichkeit des Geglaubten ist damit freilich theoretisch nicht mehr erfasst, als bereits das klassische Projektionsargument beanstandete. Darum ist es keineswegs erledigt. Theologisch behält es vielmehr die Bedeutung eines notwendigen Stachels im Fleisch der Gottesbilder. Aber die Suche nach dem spezifisch Neuen der gegenwärtigen Atheismen bleibt damit noch offen. Sie ist für die theologische Selbstreflexion deshalb von Eigeninteresse, weil sie sich nicht auf alte Auseinandersetzungen zurückziehen darf, will sie nicht die Kraft ihrer Selbstvermittlung verlieren. Es sind also gerade die Theologen, die sich von den aktuellen Debatten um ihrer selbst willen herausfordern lassen müssen. Apologetischer Aufwand kann erst an zweiter Stelle stehen. Zunächst geht es darum, die Qualität des Glaubens an der seines Einspruchs zu bemessen.

Auf dieser Waage lässt sich das spezifische Gewicht der neuen Atheismen angeben. Es findet sich nicht bei den Dawkins und Co, die das 19. ins 21. Jahrhundert verlängern – noch einmal: ohne dass damit die Gedanken ihrer theoretisch profilierteren Vorredner von Feuerbach über Marx bis hin zu Nietzsche vom Tisch wären. Nur riecht etwas abgestanden, was einem hier mitunter zu billigen Preisen als originell verkauft werden soll. Aufschlussreicher, anregender, provozierender erscheinen demgegenüber jene Atheismen, für die sich die Titelblätter unserer Montagsmagazine bislang keine Zeit genommen haben. Zu esoterisch mögen sie erscheinen – und sind es keinesfalls.

Die Rede ist von Philosophen wie Slavoj Žižek, Giorgio Agamben oder Alain Badiou. Mit ihnen zeichnet sich eine Umstellung der hergebrachten atheistischen Frontverläufe ab. Es geht weniger um eine Neuauflage bereits ausgereizter Einwände, sondern um die produktive Aneignung religiöser Gehalte und theologischer Gedanken. Sie vollziehen sich in der kreativen Durchsicht klassisch eingehegter religiöser Texte und theologischer Denkfiguren. Der Bestand der christlichen Tradition wird unter dem Gesichtspunkt ihrer Anregungsverhältnisse abgemustert. So nimmt sich Žižek der christlichen Trinitätstheologie, Badiou der christlich inspirierten Rede vom Tod Gottes und Agamben des Römerbriefs an. Nun hat Paulus immer wieder zu nicht-christlichen Lektüren angestiftet (und sowohl Žižek als auch Badiou sind ihrerseits Paulus-Interpreten).[348] Inzwischen wird er aber mit dem abgeklärten Blick eines unaufgeregten Atheismus gescannt – mit einer entscheidenden Nuancierung. Die atheistische Perspektive setzt sich nun in der veränderten Anordnung der Gedanken durch. Sie verlangt keinen emphatischen Abschied mehr. Man nimmt ganz einfach, was man gebrauchen kann. Mit dem besonderen Respekt für etwas, an das man einmal glauben konnte, das heute aber nicht mehr recht zu überzeugen vermag.

## 5.2 Ein intellektueller Übergang: Die Tristien Herbert Schnädelbachs und George Steiners

Folgt man dieser These einmal auf Probe, zeichnet sich eine kulturgeschichtliche Schwellensituation ab – ein intellektueller Übergang. Eher abseits der publizistischen Frontverläufe, jenseits der apologetischen Aufmärsche zwischen den religiösen Stellungen auf beiden Seiten (ausdrücklich ist Klaus Müllers These zuzustimmen, dass es sich bei den „neuen" Atheismen um eine eigene Gegenreligion z. B. des evolutionären Humanismus handelt) stößt man auf nachdenklichere Stimmen, auf behutsame Erkundungen des religiösen Terrains.

Ein knappes Jahrzehnt nach seinem *christentumspolemisch* aufgelegten und wohl grundsätzlicher *religionskritisch* ambitionierten Manifest über die sieben Todsünden einer sterbenden Religion, „Fluch des Christentums" überschrieben, schlägt Herbert Schnädelbach im Themenheft „Atheismus" der *Neuen Rundschau* aus dem Jahr 2007 einen anderen Ton an. Nun markiert er seine Position mit der Figur des *frommen Atheisten*, eines Gottlosen, den er nicht mit den „Gottesgegnern" verwechselt sehen möchte, die auf die Titelseiten des Zeitgeistes gelangen:

> „Der fromme Atheist ist nicht kämpferisch; er will niemand von irgendetwas überzeugen … Tatsächlich sagt der konfessionelle Atheist: ,Ich glaube, dass Gott nicht existiert' und bekennt sich so zu einer negativen Tatsache. Der fromme Atheist hingegen sagt nur: ,Ich glaube nicht, dass Gott existiert' und bekennt damit nur seinen Unglauben – nichts weiter."[349]

Damit nicht genug. Der fromme Atheist hat sich ein Gespür für den Ernst der religiösen Welterfahrung bewahrt. Er kann dem mit Respekt begegnen, was sich ihm nicht erschließt oder was er verloren hat – eine Art metaphysischer Beheimatung. Das führt ihn zu einer eigenen Form der Religionskritik:

> „Die Frömmigkeit des frommen Atheisten besteht darin, dass er nicht anders kann, als das Verlorene religiös ernst zu nehmen,

und darum stört es ihn, wo es in bloße Garnitur unseres profanen Alltags aufgelöst wird."[350]

Am Ort dieses Verlusts öffnet sich eine notwendige Leerstelle, ein Raum des Unabschließbaren, des offenen Fragens, das zugleich nur mit seinem Ausgang in einer Unendlichkeit rechnen kann, für die nicht noch einmal ein religiöser Gedanke einspringen kann. Was früher einmal geistlicher Trost war, lässt sich weder unbefangen glauben noch ganz auslöschen – etwa beim Hören des Schlusschorals der Johannes-Passion von Bach. Auch die Musik bietet keine Theodizee. Vielmehr arbeitet sie eine letzte Bitterkeit unserer Existenz heraus, die den frommen Atheisten zu einer Gestalt aus C. S. Lewis' Geschichte *Shadowlands* macht, zum Bewohner eines Landes, in dem man nie die Sonne sieht, sondern sich immer im Schatten bewegt. Hier: dem religiösen Schatten. Dem Schatten einer Illusion, die sich auch nicht mehr in der ästhetischen Wahrheit der Kunst und der Musik auflöst:

> „Was sich da einstellt, ist eine Mischung aus Trauer und Wut, dass das alles nicht wahr ist. Der Ausweg einer vollständigen Ästhetisierung solcher Werke ist ihm verschlossen, und weil er hier nicht nur seufzen kann ‚Wie schön!', verzichtet er lieber darauf, sie überhaupt anzuhören."[351]

Diese Trauer bestimmt George Steiner in seinem Essay „Warum Denken traurig macht" als anthropologisches Datum. Indem er seinen *zehn (möglichen) Gründen* ein Zitat aus Schellings Freiheitsschrift voranstellt, markiert er bereits eine signifikante Leerstelle. Mit ihr wird er im Folgenden arbeiten. Ausgangspunkt ist der „Schleier der Schwermut, der über die ganze Natur ausgebreitet ist, die tiefe unzerstörliche Melancholie alles Lebens".[352] Durs Grünbein hat darauf hingewiesen, dass an dieser Stelle etwas fehlt – der Bezug des Originals auf Gott, mit dem seinerseits ein unendlicher Mangel am Horizont unseres Denkens erscheint:

> „und wenn auch in Gott eine wenigstens beziehungsweise unabhängige Bedingung ist, so ist in ihm selber ein Quell der Traurigkeit …"[353]

Für Grünbein hält Steiner auf einen „authentischen Atheismus"[354] zu, der sich darin beweist, dass er diese Leerstellen unseres Denkens existenziell auslotet und sie in aller Schärfe zurückverfolgt – bis an den Ausgangspunkt unserer Spezies. Der Mensch, den wir als *homo sapiens* kennen, hat sich nach Steiner erst im Modus der Gottesfrage zu sich selbst durchgerungen.

> „Es ist durchaus vorstellbar, daß höhere Formen tierischen Lebens an das Bewußtsein, an das Geheimnis ihres eigenen Todes rühren. Die Gottesthematik jedoch scheint für die menschliche Gattung spezifisch und ihr vorbehalten."[355]

Sie legt den Zwiespalt im Menschen offen, denken zu müssen, was sich nicht ausdenken lässt, und nicht einmal eine Gewähr dafür zu haben, dass sein einziges Mittel auf diesem Weg, die Vernunft, ihn überhaupt zuverlässig begleitet. Gott ist der zehnte und letzte Grund dieser *Tristien*. Er füllt die Leerstelle des Schelling-Zitats vom Anfang nicht auf, sondern kennzeichnet sie als solche gerade umso schärfer, als der Abgrund dieses letzten Zwiespalts zugleich als ein *letzter Grund* eingeführt wird.

> „Die Beherrschung des Denkens, der ungeheuren Geschwindigkeit des Denkens hebt den Menschen über alle anderen Lebewesen hinaus. Doch macht es ihn sich selbst und der Ungeheuerlichkeit der Welt gegenüber zum Fremden."[356]

Auch der religiöse Gedanke, der explizite Glaube führt hier an kein Ende. Die Gottesargumente wollen abschließen, was im Augenblick des erbrachten Beweises zum bloßen Aspekt unseres Denkens würde. Er wäre nichts als der Beweis für die Fähigkeit, sich die Welt interpretativ anzuverwandeln.

> „Die Gewandtheit des Denkens, seine unerschöpfliche Neigung zum Erzählen, führt zum beschämenden, nahezu unerträglichen Schluß, daß ‚alles geht'."[357]

Die religiösen Irren liefern das Anschauungsmaterial. Und so kann auch Steiner nicht glauben, weil jeder Weg aus den Ambiguitäten der Welt die Wirklichkeit beschnitte. Es wäre eine anthropologische Abkürzung auf dem Weg zurück ins Tierische, ins banale Leben der intellektuell wieder eingerichteten Instinktsicherheit. Stattdessen hält gerade die Gottesthematik alles offen – auch für den Nichtglaubenden, den zwei Dinge antreiben:

> „Die Angst vor der großen Bedeutungslosigkeit, die Gewissheit: daß Zeit schließlich alles auffrißt."[358]

Und so bleibt die alte, ihrerseits unausdenkbare Frage, die den ganz besonderen Atheismus Steiners auf den theologisch beunruhigendsten Punkt bringt:

> „Warum ist da nicht nichts?"[359]

Diese notwendige und unmögliche Leerstelle unseres Denkens – notwendig, weil man die Frage nicht abschaffen kann, unmöglich, weil sie sich denkend nicht auflösen lässt – findet im Atheismus einen konsequenten Ausdruck: in der Rede vom Tod Gottes. Ihm entspricht christlich die Theologie der drei Tage, die vom liturgischen Schweigen des Karsamstags inszeniert werden. Diese Leerstelle lässt sich theologisch ansprechen wie atheistisch bestreiten, und insofern führt der offene Atheismus Steiners zu jenen neuen Atheismen über, die sich in dekonstuktiven Entkoppelungsfiguren durchsetzen.

## 5.3 Slavoj Žižek oder die Perversion des Christentums

Beim slowenischen Philosophen Slavoj Žižek finden sich deutliche Bekenntnisse zu seinem Atheismus.[360] In einem Interview gibt er zu Protokoll:

> „Ich bin aggressiver Atheist. Vom Christentum beziehe ich lediglich das formale Prinzip, das, wie ich finde, gegen das Christentum als Religion eingesetzt werden soll."[361]

Genau diese Aggressivität spiegelt sich in seinen Essays jedoch nicht wider. Die eigene Glaubensposition weist der Autor jenseits des Textes aus und bestimmt auf diese Weise einen neuen Atheismus, der sich in seinen religiösen Lektüren auf den theoretischen Mehrwert der theologischen Deutungsangebote bezieht. Dabei versucht Žižek ihre notwendigen Paradoxien und Aporien auszuarbeiten. In ihnen entdeckt er den Raum dessen, was sich niemals ganz sagen lässt und was er als „das Zeichen der ontologischen Unvollständigkeit der Realität selbst (was wir als solche erfahren)" begreift.[362]

An einem zentralen Punkt christlicher Selbstauffassung lässt sich dieser Vorgang konkretisieren: an der Trinitätstheologie. Sie war immer schon ein Stein des interreligiösen Anstoßes und atheistischer Kritik. Für Žižek stellt das trinitarische Denken eine überaus leistungsfähige Grammatik dar. Sie erlaubt die Verbindung des Einen mit der ihm eingeschriebenen Differenz, also dem Vielen. Das Dreieine trägt die Differenz in sich selbst aus, weil es als Absolutes das Nicht-Absolute einschließt: theologisch gesprochen seine Schöpfung. Konsequenter Monotheismus muss dem einen Raum geben, also dem Ort der „Nicht-Koinzidenz des Einen mit sich selbst, mit seinem eigenen Ort."[363] Das Absolute lässt sich also in seiner Differenz zum Kontingenten nur dann angemessen fassen, wenn es der Differenz mächtig ist. So weit, so gut. Sie kann ihm aber nicht äußerlich bleiben – und das hält auf eine christologische Erweiterung zu. Nur der Gott, der sich auf die Zeit seiner Schöpfung einlässt, der also Mensch wird, bleibt ihr nicht noch einmal ohnmächtig ausgeliefert. Das wäre der Fall, wenn die Welt einen Gott ausgelagerten Raum beanspruchte. Dann bliebe sie eine Größe über ihn hinaus, nämlich jenseits von ihm. Žižek setzt an dieser Stelle nach:

„Die Lehre aus der Dreieinigkeit ist, daß Gott völlig mit der Lücke zwischen Gott und Mensch koninzidiert, daß Gott diese Lücke *ist*; dies ist Christus, nicht der jenseitige Gott, der vom

Menschen durch eine Lücke getrennt ist, sondern die Lücke als solche, die Lücke, die gleichzeitig Gott von Gott und den Mensch vom Menschen trennt."[364]

Man steht vor einem bemerkenswerten intellektuellen Urteil und einem noch interessanteren Vorgang, der es ermöglicht. Der trinitarische Monotheismus wird hier als letztlich einzig adäquate Denkform unserer Wirklichkeit entwickelt – mit Konsequenzen für unsere derzeitigen religionspolitischen Debatten, die sich um Fundamentalismus, Pluralismus und Relativismus drehen und ein atheistisches Absprungbrett bieten. Er setzt aber auch praktische Folgen für die Rekonstruktion unserer alltäglichen Kommunikationsverhältnisse frei, die sich mit diesem Modell einer hermeneutischen Differenzeinheit analysieren und möglicherweise auch therapieren lassen. Das gilt gerade dort, wo man sich auf die Verschiebung der Verhältnisse von Macht und Ohnmacht einlässt – ein ursprüngliches Motiv gegenwärtiger Religionskritiken. Wer nun aus theologischen Gründen jede Macht der Welt relativieren kann, und zwar indem er sie nicht noch einmal gewaltsam aufheben muss, weil sie letztlich bereits der Macht Gottes unterliegt, vermag tolerant zu sein. Er kann den Anderen als Anderen annehmen, weil die Differenz zwischen den Menschen in der Differenz Gottes selbst aufgehoben ist. Wenn dieser Gott sich selbst in der Ohnmacht offenbart, ist dann aber kein Geheimnis jenseits dieser *Selbstverwirklichung* Gottes mehr anzunehmen. Mit anderen Worten:

> „Gott offenbart nicht seine heimliche Macht, sondern lediglich seine Ohnmacht."[365]

Das alles ist immer noch Žižek. Sein nachgeschobenes „lediglich" führt dabei auf den eigentlichen Punkt. Es lässt sich atheistisch gegenlesen, während es christlich doch auf die eigentliche Macht Gottes verweist: auf seine hingebungsvolle Liebe. An dieser Stelle geht es nun nicht um einen apologetischen Schlagabtausch. Aufschlussreicher erscheint vielmehr das gekennzeichnete Theorieensemble, das nicht länger von der Glaubwürdigkeit einer *eigentlich* gemeinten Rede vom dreieinen Gott abhängt. Žižek nimmt damit vom Zentrum christlicher Credoarbeit Besitz. Indem er sie auf fremde Proben stellt, entzieht er ihr zugleich hinter ihrem Rücken jede Rechtfertigungsbasis. Das Attest, hier ziehe ein religiöses Bein hinter dem aufgeklärten Stand der Dinge nach, muss nicht mehr eigens aufgesetzt werden. Trinitätstheologie, die sich unter anderen Theoriebedingungen bewährt und damit eine andere Gestalt annimmt, büßt ihr exklusives Recht ein. Folgerichtig geht sie als ein Modell unter vielen Erklärungsansätzen für unsere Wirklichkeitsverhältnisse ein. Für Žižek besitzt sie besondere Explorationskraft – nur dass sie nicht länger als Ausdruck einer Gotteswirklichkeit gelten kann:

> „Vielleicht besteht die eigentliche Leistung des Christentums darin, daß es ein liebendes (unvollkommenes) Wesen in den Rang Gottes, das heißt der Vollkommenheit schlechthin erhebt. Darauf beruht der Kern der christlichen Erfahrung."[366]

Das Christentum besteht damit auf der einzigartigen Würde des Menschen. Mit Žižek ist sie im Zuge einer konsequenten Profanisierung des ursprünglichen metaphysischen Gedankens frei zu legen. Nicht die Rückführung auf den großen Anderen im Hintergrund, also nicht die auf Gott reduzierbare Ebenbildlichkeit des geschaffenen Menschen wäre die entscheidende Appellationsinstanz. Vielmehr der Raum der Differenzen, die sich mit der Schöpfung und der Figur des göttlichen Schöpfers abzeichnet. Žižek bezieht sich in diesem Zusammenhang auf einen Theodizee-Vorschlag Chestertons, den er im Anschluss an das Buch Ijob skizziert:

> „Der mechanische Optimist trachtet danach, das Universum unverhohlen auf der Grundlage zu rechtfertigen, dass es ein rationales und fortlaufendes Muster ist. Er weist darauf hin dass das Gute an der Welt darin besteht, dass alles erklärt werden kann. Das ist der eine Punkt, wenn ich so sagen darf, an dem Gott im Gegenzug bis zum Punkt der Gewalt explizit ist. Gott sagt in der Tat, dass wenn es etwas Gutes an der Welt gebe, insofern die Menschen betroffen wären, dieses darin bestünde, dass

es nicht erklärt werden kann. Er besteht auf der Unerklärbarkeit von allem: ‚Wer ist des Regens Vater? Wer hat die Tropfen des Taus gezeugt? Aus wessen Schoß geht das Eis hervor?' (Hiob 38,28f.) Er geht noch weiter und besteht auf der positiven und offensichtlichen Unvernunft der Dinge: ‚Wer hat dem Platzregen seine Bahn gebrochen und den Weg dem Blitz und Donner, dass es regnet aufs Land, wo niemand ist, in der Wüste, wo kein Mensch ist?' (Hiob 38,26). Um den Menschen zu erschrecken, wird Gott für einen Augenblick ein Lästerer; man könnte fast sagen, dass Gott für einen Augenblick ein Atheist wird. Er entfaltet vor Hiob ein großes Panorama erschaffener Dinge, das Pferd, der Adler, der Rabe, der Wildesel, der Pfau, der Strauß, das Krokodil. Er beschreibt sie alle so, dass es nach Monstern klingt, die in der Sonne gehen. Das ganze ist eine Art Psalm oder Rhapsodie über den Sinn von Wundern. Der Erzeuger aller Dinge ist über die Dinge erstaunt, die Er Selbst gemacht hat."[367]

Eine Logik der Singularität entsteht. Die Dinge stehen für sich selbst, sie lassen sich nicht aufrechnen. Der Versuch, ihnen rational beizukommen, geht im notwendigen Staunen über das unter, was ist und nicht sein müsste. Was keinen letzten Grund erkennen lässt, der sich von Gott selbst unterschiede. Der aber bleibt grundloser Grund, der Ort der *Ausnahme* in der Welt und in unserem Denken.

An dieser Stelle sieht Žižek ein Problem in Chestertons Gedankenführung. Gott gerinnt ihm nämlich unter der Hand doch noch einmal zu einem Aspekt seiner kausalen Kettenbindungen.

„Chesterton ist offenkundig auf die ‚maskuline' Seite der Universalität und ihre konstitutive Ausnahme angewiesen: Alles gehorcht der natürlichen Kausalität – mit Ausnahme Gottes, dem zentralen Mysterium. Die Logik der modernen Wissenschaft ist im Gegenteil ‚feminin': zunächst ist sie materialistisch, indem sie das Axiom anerkennt, dass nichts der natürlichen Kausalität entkommt, was rational erklärt werden kann. Die andere Seite dieses materialistischen Axioms aber ist, dass ‚nicht alles rational ist, das den Naturgesetzen gehorcht' – nicht in dem Sinn, dass ‚es etwas Irrationales gibt, etwas, das der rationalen Kau-

salität entkommt', sondern in dem Sinn, dass es die ‚Totalität'
der rationalen kausalen Ordnung selbst ist, die inkonsistent ist,
‚irrational', Nicht-Alles. Allein dieses Nicht-Alles garantiert die
eigentliche Öffnung des wissenschaftlichen Diskurses für Über-
raschungen, für das Auftauchen des ‚Undenkbaren'."[368]

Žižeks Atheismus setzt den Signifikanten *Gott* als Bestimmung des Unbestimmbaren ein, als Chiffre einer unausfüll-
baren Leere in der Wirklichkeit, die sich in den Politiken des
menschlichen Begehrens durchsetzen. Sie kommen nie an ein
Ende, sie bleiben auch im exzessiven Genuss unerfüllt, sie laufen als solche leer. Auch dafür bietet der Kreislauf der Liebe
im trinitarischen Gottesformat eine Sprache an. Sie entfaltet
eine reine Differenz noch jenseits jener letzten Totalisierung,
die Žižek bei Levinas und Derrida ausmacht:

> „Was Derrida ‚maskulin' macht, ist die in seinem Werk durch-
> gängige Beharrlichkeit der ‚Totalisierung-mit-Ausnahme'. Die
> Suche nach einer post-metaphysischen Geschlossenheit setzt
> die gewaltsame Geste der Universàlisierung voraus, die Nivel-
> lierung / Angleichung / Vereinheitlichung des ganzen Feldes
> innermetaphysischer Kämpfe … Bei Derrida findet diese Lo-
> gik der Totalisierung der Ausnahme ihren höchsten Ausdruck
> in der Formel der Gerechtigkeit als ‚die undekonstruierbare
> Bedingung der Dekonstruktion': Alles kann dekonstruiert wer-
> den – mit Ausnahme der undekonstruierbaren Bedingung der
> Dekonstruktion selbst. Vielleicht ist es gerade diese Geste der
> gewalttätigen Vereinheitlichung des gesamten Feldes, gegen die
> man die eigene Position der Ausnahme formuliert, die die ele-
> mentarste Geste der Metaphysik darstellt."[369]

Das Christentum zeigt für Žižek in diesem Zusammenhang
seine unverzichtbare Bedeutung. Nur dass sie auf dem Gedanken des Todes Gottes basiert, den Žižek als konsequenter Materialist – jenseits des szientifischen Naturalismus als einer Totalisierung des Gegebenen – *metaphysisch* auf die Spitze treibt.
Am Schluss seiner materialistischen Theologie „Die Puppe und
der Zwerg" blendet er das Theaterstück „The Man Who Sued
God"[370] ein, in dem ein Mann in einem Sturm sein Boot verliert.

Die Versicherung weigert sich, den Schaden zu übernehmen, weil es sich um höhere Gewalt handelt: einen „Act of God". Das nimmt die Gegenpartei beim Wort. Gott hat das Boot zerstört, also müssen seine Priester für ihn haften, was diese in die Enge treibt. Entweder sie geben ihre irdischen Stellvertretungsansprüche oder die himmlische Existenz Gottes auf. Žižek zieht daraus seinen eigenen Schluss, und er bringt seinen Atheismus auf den Punkt:

> „Diese *reductio ad absurdum* verdeutlicht, was mit dieser Logik grundsätzlich nicht stimmt: Sie ist nicht *zu* radikal, sondern sie ist nicht radikal *genug*. Die eigentliche Aufgabe besteht nicht darin, von den Verantwortlichen eine Entschädigung zu erhalten, sondern ihnen jene Position zu nehmen, die sie zu Verantwortlichen macht. Statt von Gott (oder der herrschenden Klasse oder wem auch immer) Entschädigungen zu verlangen, sollte man lieber die Frage stellen: Brauchen wir Gott wirklich?"[371]

Nimmt man die theologische Bedeutung der unabgegoltenen Differenz in Gott ernst, ergibt sich eine Gegenfrage: Lässt sich nach Gott in der Ordnung des Begehrens fragen, wenn – mit Žižek – die Logik der Totalisierung erst einmal gebrochen wurde? Inkarnation als Weltraum des entzogen gegenwärtigen Gottes, der im Menschen als Mensch auftritt – mehr als nur bloßer Gedanke, der vorab alles auf sich reduziert, sondern das Ereignis einer unabweisbaren Erfahrung: ein solcher Gott löst die Fesseln unserer Wünsche, da er ihnen zuvorkommt. Giorgio Agamben, von dem sich Žižek kritisch absetzt, weil dieser die Differenz totalisiere[372], führt an diesem theo-logisch entscheidenden Punkt eine markante *messianische* Differenz ein, nämlich die eschatologische Korrektur unserer Politiken des Begehrens:

> „Der Messias kommt wegen unserer Wünsche. Er trennt sie von den Bildern, um sie zu erfüllen. Oder eher, um zu zeigen, daß sie schon erfüllt sind. Was wir uns eingebildet haben, haben wir schon bekommen. Unerfüllt – bleiben die Bilder des Erfüllten. Aus den erfüllten Wünschen baut er die Hölle, aus den unerfüll-

baren Bildern den Limbus. Und aus dem eingebildeten Wunsch, dem reinen Wort, baut er die Seligkeit des Paradieses."[373]

Der Messias durchbricht die chronologische Ordnung der Zeit. Er bindet die Gegenwart an die Vergangenheit, indem er unsere Wünsche auf die Probe stellt und richtet. Insofern kommt er *wegen unserer Wünsche*. Er unterscheidet zwischen dem, was wir wollen, und den Bildern der Erfüllung. Die Bilder stammen von uns, Projektionen; ihre Erfüllung liegt nicht in unseren Händen. Die Wünsche, die wir uns verwirklicht haben, halten nicht auf Erlösung zu, sondern führen geradewegs in die Hölle unserer Egoismen; in die Hölle unserer Ausgrenzungspolitiken, mit denen der Mensch den anderen Menschen vom selbst gemachten „Glück" ausschließt; in die Hölle der utopischen Bilder, sei es vom Menschen, sei es von der Gesellschaft, sei es von Gott. Erst der Wunsch als das, was wir selbst sind und was wir in uns *eingebildet* haben, befreit zu einer Seligkeit, die sich so wenig herstellen lässt wie das Glück, das in Märchen durch Zauberei entsteht.[374] Agambens Messianismus spielt mit dieser letzten Differenz des Unwahrscheinlichen und fügt ihr jene atheistische Note des Unglaubens zu, die er mit Žižek teilt. Beide verbindet der Materialismus, der auf unterschiedliche Weise zu dem Gott führt, der *unmöglich* bleibt. Das bedeutet das Gegenteil von Totalisierung.

Das Unmögliche ist für das Christentum, und zwar kreuzestheologisch mit Žižek wie messianisch mit Agamben, der Raum der Gottesbestimmung. Hier offenbart sich, was Menschwerdung in einem strengen Sinn meint. Der christliche Schöpfergott der Inkarnation ist Materialist, der die Geschichte mit ihrer ganzen Herausforderung zur Theodizee und zur Anthropodizee in sich aufnimmt, indem er sich ihr aussetzt. Weil er *Beziehung* ist und sie eröffnet. Weil – trinitätstheologisch – nichts in der Welt jenseits von Beziehung *wirklich* ist. Gott ist dann nicht die *Verwindung* der Geschichte. Im Gegenteil: Anders als im *Prozess* der Welt, ganz materialistisch und deshalb ganz *transzendent* (man denke an das chalkedonensische *ungetrennt und unvermischt*), weil Materie nie bloß sie selbst ist, eine letzte Identität mit sich selbst (sondern geworden, entstehend, verweisend), kann Gott nicht bestimmt werden. Umso schärfer klingt weiter die eine Frage im Ohr: *Warum nicht nichts?*

## 5.4 Giorgio Agamben oder die Inversion des Christentums

Giorgio Agamben greift diese Frage anders auf. Er untersucht die modernen Politiken der *Vernichtung*, der Annihilierung des Menschen. Was treibt den Menschen dazu, Anderes zu Nichts zu machen? Die Macht, den Tod zu geben, wendet die göttliche *creatio ex nihilo* in die menschliche Adaption, die Leere der Welt und der Existenz zu kennzeichnen – im *homo sacer*[375], im Muselmann.[376]

Agamben denkt von diesem Nullpunkt der Annullierung des Lebens aus, in der sich, paradox, die Biopolitik der Moderne zeigt. Sie produziert das Leben, indem sie es organisiert, verwaltet und zur Verfügung stellt – und zwar für das Wissen wie für die Politik. Das Leben, das informationstechnologisch gläsern wird, kann eingesetzt und konsumiert werden.[377] Entsprechend nutzen Wirtschaft, Versicherungen und auch der Staat unsere Daten, um von ihnen zu profitieren: ökonomisch wie sicherheitstaktisch. Das einsichtige Leben ist aber auch das manipulierbare. Zur Disposition gestellt, finden sich jederzeit die Mechanismen, über es zu verfügen und es zu enteignen; es für einen höheren Zweck oder die eigenen Interessen einzusetzen. Es entsteht ein Zwischenraum des Lebens, der einerseits den Menschen systemisch integriert, indem er zum Gegenstand der Aufmerksamkeit und möglicherweise auch der sozialen Fürsorge wird, der andererseits aber genau damit zum bloßen Objekt wird, dessen man sich annehmen kann und darf. Der Mensch wird zum Exemplar seiner Anwendungsfälle. Seine Autonomie schmilzt zusammen, weil seine Freiheit nicht nur faktisch durch die Regulierungsmaßnahmen anonymer Gesetze definiert wird, sondern weil seine Souveränität einer fremden Souveränität überstellt ist, die über ihn verfügt. Ob das Flugzeug, in dem hunderte Passagiere sitzen, abgeschossen wird, hängt an der Regelung einer notwendig erscheinenden Ausnahmesituation, deren Druck auch die Souveränität derjenigen beschneidet, die das Kommando haben.[378]

Im Flugzeug, das wie in Ian McEwans „Saturday" über London kreist, entsteht ein menschlicher *Rest*. Er gehört zur Menschheit und wird von ihr im Augenblick der Entscheidung darüber, was mit der Maschine geschehen soll, aussortiert. Es geht in diesem Moment um die Menschheit, die diejenigen, die sie vom Leben ausschließt, auf diese Weise in ihre Gemeinschaft einschließt – aber auf eine Weise, dass sie sie verloren gibt, um ihnen einen Ort im Leben *für das Leben* der Überlebenden anzuweisen.

> „Der Rest ist also weder das Ganze noch ein Teil von ihm, sondern bedeutet die Unmöglichkeit für das Ganze und für den Teil, mit sich selbst und untereinander identisch zu sein."[379]

Diesen Gedanken findet Agamben bei Paulus. Sein Brief an die Römer erlaubt jene Relecture der modernen Ausschließungsmuster des Lebens vom Leben, die Agamben eigenwillig mit seinem antiken Gewährsmann verbinden. Beide denken im Horizont einer notwendigen Erlösung, die von unterschiedlichen Standpunkten aus etwas Unmögliches voraussetzt. Bei Paulus ist es einerseits die Unmöglichkeit, das Gesetz zu erfüllen, in dem sich zugleich der bleibende Bund Gottes mit Israel dokumentiert. Andererseits ist es die Unmöglichkeit des am Kreuz offenbarten Messias, der das, was *ausgeschlossen* ist, als Ort der Selbstbestimmung Gottes behauptet. Bei Agamben liegt die Unmöglichkeit in der biopolitischen Diktatur von einschließenden Ausschließungsverfahren, die sich nicht per Dekret abstellen lassen. Sie öffnen den Blick für ein Leben ohne jene Annihilierungen des Menschen, die auftreten, wo der Mensch vom Menschsein ausgrenzt. Diese Perspektive aber verführt zur politischen Utopie, zur Herstellung des neuen Menschen, die dem *Bann* des Lebens als Projekt verfällt. Und so hat der Ausbruch aus einer aporetischen Wirklichkeit etwas Katastrophisches oder Eschatologisches, wie es Walter Benjamin und Theodor W. Adorno mit der Figur des Messias verbanden – ohne an seine *religiöse* Wirklichkeit glauben zu können. Ins Profane verwandelt, nimmt das Messianische die Bedeutung einer materialistisch transformierten Macht an, die jenseits der Vergangenheit eines alten Glaubens und der Zukunft einer ausstehenden, aber möglichen Hoffnung steht. Vielmehr eröffnet sich mit dieser Figur die katastrophische Struktur der Gegenwart selbst.

In einer subtilen philologischen Rekonstruktion kann Agamben plausibel machen, dass Paulus für Benjamins *geschichtsphilosophische Thesen* Pate stand. Genauer: dass er die Rolle jenes Zwergs im materialistisch-theologischen Schachspiel einnahm, das auch Slavoj Žižeks Essay seinen Titel lieh.[380] Den entscheidenden Ansatzpunkt findet Agamben dafür in der paulinischen Konstruktion des Messianischen, und sie verfolgt er mit eigenen theoretischen Interessen. Das Messianische richtet nämlich einen eigenen Ort und eine eigene Zeit in der Wirklichkeit ein. Es implantiert eine eigene Logik, die einen eigenen sprachlichen Modus verlangt: die „Erfordernis".[381] Diese Modalität bezeichnet einen Raum jenseits von Unmöglichem und Möglichem, von Kontingentem und Notwendigem. Vielmehr konzentriert sie diese Modi in ihrem problematischen Überhang, also in dem, was aus ihnen resultiert, was einen *Rest* erzeugt, was *gefordert* ist. Agamben verdeutlicht das mit dem Leben des Fürsten Myschkin aus Dostojewskijs Roman „Der Idiot".

> „Die Erfordernis ignoriert die Kontingenz nicht, noch versucht sie, sie zu exorzieren. Sie sagt im Gegenteil: Obwohl dieses Leben *de facto* völlig vergessen wurde, fordert es, unvergeßlich zu bleiben."[382]

Der Raum, der die Lebenden von den Toten trennt, wird auf diese Weise neu vermessen. Man muss sagen, dass die Toten den Lebenden vorausgehen, weil sie sie verpflichten.

> „Die Erfordernis ist eine Beziehung zwischen dem, was ist oder gewesen ist, und seiner Möglichkeit, und diese geht der Wirklichkeit nicht voraus, sondern folgt ihr."[383]

Angesichts des Nichts *muss* es *möglich werden*, dass nicht verloren geht, was unvergesslich bleiben muss. Das aber kann nicht die Aufgabe des Historikers sein. Er kann nichts als das Nichts archivieren – wie der Telefonbuchsammler in Paul Austers „Oracle Night", ein Mann, der alle Namen und Nummern speichern will, um niemand verloren zu geben. Dass er am Ende im eigenen Archiv eingeschlossen wird und dort umkommt, erscheint als Konsequenz des eigenen Berufs. Aber auch im Roman öffnet sich ein narrativer Ort des Auswegs, der allerdings nur im Ablauf der Romankonstruktion liegt. Austers Erzähler lässt die Leserin, den Leser etwas wissen, was noch nicht eingetreten ist, aber eigentlich geschehen muss. Dennoch bleibt hier die Möglichkeit einer Rettung, die sich sonderbarerweise im späteren Roman „Reisen im Skriptorium" ereignet, weil ihre Hauptfigur alle anderen Figuren als eigene Produkte ausweist. Sie können unendlich weiterleben, aber als Reprisen von Lektüren.

Auster stanzt mit seinem Narrativ die katastrophische Figur der Zeit aus. Sie gewinnt ihre ureigene Gestalt in den Katastrophen der Geschichte, die sich als messianische Erfordernis bestimmt. Sie stellt die Wirklichkeit in das Licht notwendiger Inversionen.[384] Sie entziehen sich jedoch einschlägigen politischen Maßnahmen, weil das messianische Denken die Handlungssubjekte einer eigenen Annullierung unterzieht. Agamben liest Paulus auf dieser Linie biographisch im Blick auf seinen eigenen radikalen Identitätswechsel. Zugleich entdeckt er in den paulinischen Briefen eine Logik der Umstellung, der Inversion, die sich gerade im messianischen Ruf vollzieht.[385] Sie hängt am *messianischen Ereignis*, paulinisch also an der Konfrontation mit dem auferweckten Gekreuzigten, der ihn zum Apostel beruft. Dieser Ruf enteignet den Gerufenen. Was er hat, muss er haben, *als ob er nicht hätte*. Er wird so berufen, dass die eigene Identität nun in der Verfügungsmacht eines anderen steht – er wird zum *Sklaven*, zum *Ausgesonderten*. Und was den Berufenen von anderen unterscheidet, löst sich zugleich auf: die Differenz zwischen Juden und Heiden wird eingezogen.

> „Diese Bewegung ist für den Apostel aber zuallererst eine Annullierung: ,Die Beschneidung ist nichts, und die Unbeschnittenheit ist nichts.' Was nach dem Gesetz aus dem einen einen Juden und aus dem anderen einen *goj*, aus dem einen einen Sklaven und aus dem anderen einen Freien machte, wird durch die Berufung nichtig. Warum aber in diesem Nichts bleiben?"[386]

Die Antwort liegt in der Bedeutung des Rufs. Das messianische Ereignis liegt in der Aufhebung der gezogenen Grenzen, für die Agamben – in unzulässiger Engführung der Thora – das Gesetz als objektiven Ausdruck nimmt. Das Gesetz legt fest, was geschieht, und schafft klare Identitäten, die sich in allen Rechtsverfahren mit zugewiesenen Rollen und deren realen juristischen Konsequenzen abbilden. Das messianische Ereignis überholt diese Rechtspolitik, „denn die Gestalt dieser Welt vergeht" (1 Kor 7,31). Das erlaubt zu gebrauchen, ohne zu besitzen – womit alle Rechtsansprüche in eine andere Sphäre versetzt werden. Religion und Recht, darauf weist Agamben immer wieder hin, bilden etymologisch, religionshistorisch und machtpolitisch eine komplexe Einheit. Sie wird einer gnadentheologischen Inversion unterzogen, die deren bleibende Bedeutung nicht ausblendet, sie aber neu aufrichtet. Denn Gnade meint

> „eine unentgeltliche Leistung, die von den obligaten Fesseln der Gegenleistung und des Befehls frei ist."[387]

Zu haben, als habe man nicht, läuft auf eine Transformation der Rechtsordnung und der eigenen Identität hinaus; auf

Selbstübergabe, wie sie sich in der paulinischen Erfahrung des messianischen Ereignisses durchsetzt. Dem entspricht der Glaube des Paulus. Er spricht immer von *Christus Jesus*, also vom *Messias Jesus*.

> „Es ist, als ob es für Paulus zwischen Jesus und Messias keinen Raum für die Kopula *ist* gäbe. 1 Kor 2,2 ist charakteristisch: ‚Denn ich vermeinte nichts unter euch zu wissen außer Jesus Messias': Er weiß nicht, daß Jesus der Messias *ist*, er kennt nur *Jesus Messias* … Paulus glaubt nicht, daß Jesus die Eigenschaft besitze, der Messias zu sein: Er glaubt an ‚Jesus Messias' und Schluß. Messias ist kein Prädikat, das dem Subjekt Jesus hinzugefügt werden könnte, sondern etwas, das untrennbar von ihm ist, ohne deshalb einen Eigennamen zu bilden. Und dies ist der Glaube des Paulus: eine Erfahrung des Seins jenseits sowohl der Existenz als auch der Essenz, jenseits sowohl des Subjekts als auch des Prädikats. Ist dies aber nicht genau das, was sich in der Liebe ereignet? Die Liebe erträgt keine Prädikationen und hat nie eine Qualität oder eine Essenz zu ihrem Gegenstand … Jedes Sagen von *ist* fällt von der Liebe ab … Die Liebe kennt keine Gründe – deswegen ist sie bei Paulus eng mit dem Glauben verbunden".[388]

Das messianische Ereignis mutet Paulus eine biographische Inversion zu, in der sich zugleich die Inversion der Welt zeigt.[389] Sie kommt nicht als eine nächste Zeit[390], sondern ist Aspekt der Jetztzeit, ihr katastrophischer Modus und soteriologischer Index – ihre *Erfordernis*. Das ist der Nullpunkt der Geschichte und des Menschen, kein identifizierbarer Start, keine Begründung einer neuen Identitätspolitik, sondern die andauernde messianische Berufung. Im Anschluss an eine Beobachtung Gershom Scholems spitzt Agamben diese Überlegung eschatologisch zu:

> „Das hebräische Verbalsystem unterscheidet die Verbformen nicht so sehr nach Zeiten (Vergangenheit und Zukunft), als vielmehr nach Aspekten: abgeschlossen (in der Regel mit Vergangenheit wiedergegeben) und unabgeschlossen (wiedergegeben in der Regel mit dem Futur). Aber wenn man vor eine Form des Abgeschlossenen ein *Waw* setzt (das daher invers oder konvers

genannt wird), verwandelt es sich in Unabgeschlossenes und umgekehrt. Gemäß der scharfsinnigen Beobachtung Scholems (an die sich Benjamin viele Jahre später erinnern sollte) ist die messianische Zeit weder das Abgeschlossene noch das Unabgeschlossene, weder die Vergangenheit noch die Zukunft, sondern deren Inversion."[391]

Seinen Sinn hat dieses messianische Ereignis in der Aufhebung der Grenzen, mit denen Menschen ausgeschlossen werden. Agamben verdeutlicht dies, über eine Spur Walter Benjamins vermittelt, mit dem antiken *Schnitt des Apelles*. Im Wettkampf der Künstler zeichnet Protogenes die feinste Linie, die sich vorstellen lässt. Apelles aber kann sie noch einmal teilen. Dieser Schnitt *zerschneidet die Teilung selbst*.[392] Die messianische Identität hebt die Trennung zwischen Jude und Nicht-Jude in der Weise auf, dass sie sich als distinkte Identitäten gegenüber stehen. Dennoch muss ihre Differenz benannt werden. Allerdings trennt sie den Unterschied zwischen Beschnittenen und Unbeschnittenen auf: wer wahrer Jude und wahrer Christ ist, lässt sich nur im Geist feststellen und also nicht *identifizieren*.

Hier zeigt sich nun die eigentliche Bedeutung des paulinischen Messianismus. Sie hebt die Teilung nach dem Gesetz auf[393], mit der sich Israel von den Völkern nicht nur unterscheidet, sondern in der Gestalt der Auserwählung trennt. Der messianische Schnitt des Apelles, der zwischen Juden dem Fleisch und dem Geist nach unterscheidet (Röm 2,28 f) trennt diese Trennung auf.

> „Das bedeutet, daß die messianische Teilung in die große nomistische Teilung der Völker einen Rest einführt, daß also Juden und Nichtjuden konstitutiv ,nicht alle' sind. Dieser ,Rest' ist nicht etwa eine meßbare Zahl oder ein positives und substantielles Überbleibsel, das allen vorhergehenden Teilungen entsprechen würde und das, man wüßte nicht wie und warum, in sich die Fähigkeit trüge, alle Differenzen zu überwinden. Aus einer epistemologischen Perspektive geht es eher darum, die zweipolige Einteilung Juden/Nichtjuden zu überschreiten, um auf diesem Weg zu einer neuen Logik vorzudringen, einer Art

intuitionistischen Logik wie etwas derjenigen, die Cusanus in seinem *De non aliud* einführt und die über die Opposition A/ Nicht-A hinausgeht und ein Drittes zuläßt, das die Form einer doppelten Negation annimmt: nicht Nicht-A ... Wer im messianischen Gesetz ist, ist nicht-nicht im Gesetz."[394]

Es entsteht also kein neuer rechtsfreier Raum, der den Zugriff auf den Menschen gestattet. Vielmehr erschließt das messianische Denken eine neue Wissensform von Politiken der Einschließung, die eine eigene *Erfordernis* darstellen. Sie beruhen auf einer Durchkreuzung identitätspolitischer Festlegungen, die einen anderen Blick auf den Menschen erlauben. Für Agamben wird er angesichts des Lagers als biopolitischem Programm der Moderne notwendig; angesichts der Annullierung des Menschen durch den Menschen; angesichts des Muselmanns, dem der letzte Rest an Menschlichkeit genommen scheint und der gerade darin etwas *Unvergessliches* sein muss.

> „Wenn der Mensch das Unzerstörbare ist, das unendlich zerstört werden kann, so bedeutet dies, daß es keine menschliche Essenz gibt, die zerstört oder wiedergefunden werden könnte, daß der Mensch ein Wesen ist, das sich selbst unendlich fehlt, das immer schon von sich selbst getrennt ist. Wenn aber der Mensch das ist, was *unendlich* zerstört werden kann, so bedeutet dies auch, daß jenseits dieser Zerstörung und in dieser Zerstörung immer ein Rest übrig bleibt, daß der Mensch dieser Rest ist."[395]

Mit Agamben wird der paulinische Messianismus als ein Ort des Widerstands gegen die unendliche Zerstörung des Menschen bestimmt. Mit Paulus wäre dann aber zu fragen, ob es sich um eine Erfordernis handelt, die im Letzten die Annullierung des Menschen nicht aufheben kann, weil sie in das Nichts des Todes mündet, oder ob dem ein Ereignis in der Geschichte entgegensteht, an dem sich der messianische Gedanke als Hoffnung entzündet.

> „Wenn aber Christus nicht auferweckt worden ist, dann ist euer Glaube nutzlos, und ihr seid immer noch in euren Sünden; und

auch die in Christus Entschlafenen sind dann verloren. Wenn wir unsere Hoffnung nur in diesem Leben auf Christus gesetzt haben, sind wir erbärmlicher daran als alle anderen Menschen. Nun aber ist Christus von den Toten auferweckt worden als der Erste der Entschlafenen." (1 Kor 15,19 f)

Paulus besteht auf dem messianischen Ereignis der Auferweckung des *Messias Jesus*. An ihm hängt alle Wirklichkeit. Für Agamben kommt dies, wörtlich, *nicht in Frage*. Auferstehung greift er als paulinisches Zitat auf, nicht als mögliches Ereignis.[396] Am Ende muss sich der Tod, wie in den Romanen Cormac McCarthys, selbst bestätigen, und der Ruf des *Unvergesslichen* ist *nichts* als eine rhetorische Tatsache.

Agambens Atheismus, der sich an diesem für Paulus entscheidenden Punkt durchsetzt, bewegt sich jenseits von religionskritischen Attitüden. Die paulinischen Gedanken werden philosophisch produktiv gemacht, und sie erhalten *jenseits* der Frage nach ihrer religiösen Glaubwürdigkeit eine theologische Dignität, die nicht nur kultur*historisch* bedeutsam erscheint, sondern intellektuelle Vitalität und eine spezifische Aktualität besitzt. Was aber bleibt von *der Zeit, die bleibt*?

## 5.5  Alain Badiou oder die Subversion des Todes Gottes

Diese Frage stellt sich angesichts der christlichen Behauptung, dass Gott im Menschen Jesus von Nazaret stirbt und zugleich im Tod des messianischen Menschen der Tod selbst. Die Erfahrung eines singulären Ereignisses bricht mit der Ordnung der Dinge. Sie markiert einen Riss in der Wirklichkeit, der sich nicht glätten lässt: die Bedeutung der Zeit, in der sich das Leben abspielt. Es *verläuft* unendlich, es zerrinnt, weil es auf ein Ende zuhält, das kein Finale kennt. Das einzige Ende ohne Ende ist der Übergang in den unbenennbaren Ort der Nichtexistenz: das Ende ist endlos. Das Nichts droht alles zu verschlingen, auch den gegebenen Augenblick, und so ist das Leben, das jetzt ist, schon nicht mehr, weil es nichts als Vorübergang ist.

Die Rede vom Tod Gottes nimmt diese Erfahrung ernst, indem sie den gesonderten Raum des Todes in seiner Unfassbarkeit mit Gott verbindet. Der Ort, an dem definitionsgemäß jede Beziehung abbricht, wird mit Gott verknüpft. Er verliert die Bedeutung einer ultimativen Realität, mit der das Nichts letztlich alles codiert. Die Erfahrung, dass die schöpferische Lebensmacht Gottes sich nicht begrenzen lässt, verlangt aber, den Tod und das Nichts als die äußerste Anfechtung der Selbstbehauptung des Menschen anzuerkennen. Der Mensch will nicht sterben und muss den Tod der eigenen Ermächtigung, des radikalen Willens zu sich selbst, sterben, um die Lebensmacht Gottes über die eigenen Möglichkeiten und Interessen hinaus erfahren zu können. Diese Zäsur kann theologisch erneut nicht jenseits von Gott liegen, und so bestimmt die christliche Tradition den Tod nicht als Macht über Gott hinaus, sondern als Raum einer erlösenden Wirklichkeit, der sich im Menschen öffnet, wo er in einem letzten Vertrauen über sich hinaus alles auf Gott setzt. Dieser Gott ist nicht das Objekt menschlicher Selbstbestätigung und also auch nicht das Produkt unserer Projektionen, sondern die Macht, die uns die Ohnmacht unserer Egoismen zumutet. Darin erschließt sich die Bedeutung der Rede vom erlösenden Gericht am jüngsten Tag. Es gibt die Lebenszeit nicht verloren, vielmehr deckt es ihre tödlichen Aspekte auf. Darin wird neues Leben spürbar.[397] Damit wird die christliche Rede vom Tod Gottes nicht zu einer bloßen Passage. Der so verstandene Tod Gottes gibt dem Leben vielmehr seine Schwerkraft. Er bestimmt, was bleibt.

Diesen Lebensbezug präpariert Alain Badiou in seiner Interpretation des Wortes vom Tod Gottes gegenläufig. Im Tod Gottes stirbt der Bezug zum lebendigen Gott. Gott ist aus dem Leben verschwunden. Nach Badiou ergibt sich damit die Aufgabe, auf der Basis dieser unumkehrbaren Alltagserfahrung eine neue Form der Unendlichkeit zu erschließen, wie sie z. B.

in der Literatur begegnet. Wir müssen die unendliche Leere offen halten, ohne sie als Schmerz zu empfinden, sondern als das Gegebene zu integrieren. Die alte Suche nach Sinn kompensiert nur das Unendliche, indem es eine neue Stabilität des Suchens und Findens errichtet, einen Ausgleich für das, was sich unendlich entzieht. Damit wird aber nur die Metaphysik eines Hintersinns, der Wiederbezug einer Hinterwelt vorbereitet. Stattdessen fordert Badiou die Radikalität eines Lebens *hier*. Wir müssen uns vom Gedanken lösen, überhaupt etwas verloren zu haben. Wir sind

> „die Bewohner der unendlichen Dauer der Erde, daß alles hier, immer hier ist und daß die Kraft des Gedankens in der egalitären Fadheit liegt, die eine feste und erklärte Erfahrung dessen hat, was uns hier zukommt. Hier ist der Ort des Werdens der Wahrheit. Hier sind wir unendlich. Hier ist uns nichts versprochen, als dem, was auf uns zukommt, treu zu sein."[398]

Wir dürfen nicht den Gott suchen, dessen Leben in unserem Leben zu seinem unumkehrbaren Ende gekommen ist. Dieses Ende hat der abstrakte Ideengott der Metaphysik vorbereitet. Wer die gegebene Unendlichkeit aufheben will, indem er einen Gott einschaltet, weicht dem Hier aus und verspielt es unendlich. Stattdessen verlangt die Einsicht in den Tod Gottes als einer Lebenswirklichkeit, dass sich das Hier aus dem immer nur verschobenen Hier eines nächsten Lebens befreit. Die Rede vom Tod Gottes besitzt in diesem Sinn die Potenz einer notwendigen Chiffre. Sie legt das Unmögliche in unserem Leben frei, das sich in den Politiken der Umgehung des Hier, in den Ausweichversuchen des Sinns abspielt. Noch Heidegger wollte dem kommenden Gott eine Tür aufhalten, um den alten Gedanken einer letzten Rettung nach der Verabschiedung der Ontotheologie seinerseits zu retten. Badiou will diesen Messianismus radikalisieren:

> „Ich nenne den heutigen Atheismus den Bruch mit dieser Verfassung. Es geht darum, dem nostalgischen Gott der Rückkehr

nicht mehr den gemeinsamen Saldo des Todes des lebenden Gottes und der Dekonstruktion des metaphysischen Gottes anzuvertrauen. Es handelt sich alles in allem darum, mit jedem Versprechen Schluß zu machen. Dieser Atheismus steht vor uns wie eine Denkaufgabe. Denn was heute noch die Macht des Versprechens und das poetisch-politische Dispositiv der Rückkehr der Götter oder der Wiederverzauberung der Welt aufrecht erhält, ist das konsensuelle Motiv der Endlichkeit. Daß unser Ausgeliefertsein ans Sein wesentlich endlich ist, daß es nötig ist, immer auf unser Sterblichsein zurückzukommen, ist der Ausgang davon, daß wir den Tod des lebenden Gottes nur ertragen, um unter vielfachen Formen das unklare Versprechen eines zurückgezogenen Sinns, aus dem das ‚Zurückkommen' nicht ausgeschlossen ist, zu behaupten … Es ist also dringend erforderlich, um uns gelassen in dem unumkehrbaren Element des Gottestodes zu etablieren, daß wir mit dem Motiv der Endlichkeit Schluß machen".[399]

Der Tod Gottes fungiert hier als *Figur einer unendlichen Subversion*. Er wird theologisch enteignet, erschließt zugleich aber eine prekäre Qualität der theistischen Tradition. Die Bedeutung des Unendlichen, des nicht Einzuholenden, fordert nämlich die Kritik an jeder anthropomorphen Verdinglichung der Gottesvorstellung. Gott – das machte Bonhoeffer scharf – taugt nicht zum Lückenbüßer unserer Gotteserwartungen. In der Erfahrung des Unendlichen garantiert Gott nicht den Sinn, den wir suchen. Er muss im Gegenteil als das Ereignis einer Inversion erfahren werden, mit der sich das gegebene Hier Badious in einer Perspektive unendlicher Gerechtigkeit darstellt.

Was bei Žižek, Agamben und Badiou die Herausforderung einer Idee bleibt, die jeweils unterschiedlich eine tektonische Spannung auf dem Grund unserer Wirklichkeitserfahrung anzeigt, wird christlich im Leben des Jesus von Nazaret als ein Durchbruch zu einer neuen Ordnung der Dinge verstanden. Sie steht im Zeichen einer Liebe, die nichts verloren gibt und also im unendlichen Ablauf der Zeit die ewige Bedeutung nicht einfach des Lebens an sich, sondern jedes Einzelnen vertritt. Die Stärke von Badious Atheismus liegt darin, dass er die Enteignung des Hier aufdeckt, die religiös droht, wenn der Glaube weltlos oder weltflüchtig wird; wenn er die gegebenen Realitäten überspielt und sich auf ihre Kosten ermächtigt. Seine Schwäche liegt in der blinden Stelle der eigenen Sinnkonstruktion. Die Subversion des toten Gottes, mit dem das Endliche ins Unendliche verschweißt wird, setzt selbst einen Sinnhorizont, der allerdings die eigene Zerstörung, den Untergang des Hier, nicht konsequent denkt, weil er sich gegen jede Forderung, und sei es die des gelassen hinzunehmenden Gottestodes, sperrt. Die Spiele des Zufalls, in denen Paul Auster seine Geschichten auslaufen lässt, halten den Augenblick des narrativen Widerstands fest, der das sinn-lose Nichts bearbeitet und doch absurd vergeht. Das Hier ist vom Nichts bestimmt und kommandiert *nichts*. Das *Soll* als Sinnsetzung jenseits von Sinn ist von der Unmöglichkeit unterwandert, eine Notwendigkeit überhaupt noch anzunehmen. Dazu ist – z. B. ethisch – kein Gott erforderlich, aber das Pathos eines subversiven Sinns adressiert die Frage nach dem, was von der Aufforderung zum Hier bleibt. Was es trägt. Christlich der Impuls, die Verlorenen in der Zeit nicht verloren zu geben.

Die neuen Atheismen „in der Spur Gottes"[400] bestimmen einen prekären Modus für ein anderes Denken des Unendlichen und einer Transzendenz des Gegebenen. Sie legen den Ort frei, an dem die Gottesfrage ihre unabgegoltene Bedeutung behält – im Widerspruch gegen den Tod, gegen das letzte Nichts, gegen das sich Philip Roths *Jedermann* stemmt, indem er es als Geschichte statuiert. Daraus resultiert kein Argument für die Existenz Gottes, markiert aber den Problemwert der offenen Fragen, die bleiben und in denen sich die Relevanz des Gottesglaubens entfaltet. Der unabgeschlossene Lauf des Fragens und der Geschichte hält auch den Raum für das Ereignis offen, an dem sich Hoffnung festmachen kann. Im Zwischenraum des Notwendigen und Unmöglichen entsteht der Raum einer Rede von Gott, die am singulären Ereignis der Menschwerdung Gottes ihr Maß hat – und an nichts Anderem.[401]

Die neuen Atheismen spitzen die Frage zu, was angesichts des umfassenden Nichts in der Welt hält. Das bleibt ihr unverzichtbarer Wahrheitswert. Zugleich verlangen sie der Theologie ab, den Raum der Negationen und den Modus des *Nichts* theologisch zu bestimmen. Gott ist nie das einfach Gegebene. Das Gespräch mit den neuen Atheismen fordert die Theologie auf, zu sagen, was unsagbar bleibt, und zugleich anzugeben, was nicht gesagt werden darf, weil damit zu viel behauptet wäre. Mit anderen Worten: Theologie muss sich auf das Prekäre der eigenen Gottesrede verpflichten lassen – auf ihr Gefahrenmoment.

# 6. Theologische Konsequenzen – notwendige Umstellungen

## 6.1 Das Zweite Vatikanische Konzil und die theologische Wahrheit des Atheismus

Als Johannes XXIII. am 11. Oktober 1962 das Zweite Vatikanische Konzil feierlich eröffnete, gab er dem Konzil den Auftrag, die Lehre der Kirche so zu bestimmen, „wie unsere Zeit es verlangt".[402] Der Papst hatte dabei auch die Herausforderungen im Blick, die ein theoretischer wie lebensweltlicher Atheismus an die Kirche adressiert. Seine Alternative lautet: Leben mit Jesus Christus und in seiner Kirche – dann hat man Anteil am Licht. Oder die Menschen

> „leben ohne Ihn, ja handeln Ihm entgegen und verweilen bewusst außerhalb der Kirche, dann herrscht bei ihnen Verwirrung, sie verbittern die Beziehungen untereinander und beschwören mörderische Kriege herauf".[403]

Diese Einschätzung liegt noch auf der Linie des Vorgängerkonzils und seiner zeittheologischen Diagnose. Die Entwicklung der Neuzeit wird dort als „fortschreitende Verfallsgeschichte" aufgelegt.[404] Den Gegensatz zwischen Kirche und Welt schärft das Konzil soteriologisch an. Diese Perspektive scheint auch bei Johannes XXIII. noch durch, wenn er aus dem Leben ohne oder gegen Christus eine Geschichte menschlicher Destruktivität entwickelt. Zugleich wird sie dort gebrochen, wo er die dialogische Aufgabe der Kirche in ihrer Zeit betont. Es ist „angemessener, die Kraft ihrer Lehre ausgiebig zu erklären, als zu verurteilen".[405] Vor allem steht die Kirche

> „voller Erbarmen und Wohlwollen zu ihren Kindern, die sie verlassen haben".[406]

Die Haltung der Kirche verändert sich im Ton, der eine neue Haltung gegenüber der eigenen Zeit ausdrückt. Das Konzil selbst wird diese Vorgabe radikalisieren. Die Herausforderungen der Gegenwart erlauben es nicht, sie ausschließlich auf der Basis einer gegebenen Glaubenswahrheit zu bearbeiten. Vielmehr müssen die neuen Probleme die Lehre der Kirche selbst betreffen. Sie muss Theologie im Modus dessen betreiben, was *unsere Zeit verlangt*. Dann aber haben auch die abweichenden Positionen eine theologische Bedeutung – einen spezifischen Wahrheitswert, weil sie die Kirche zu Umstellungen ihrer gegebenen Wissensformen nötigen.

Das geschieht bereits mit der veränderten Haltung dem Atheismus gegenüber, die *Gaudium et spes* einbringt. Die Gründe, die zum Atheismus führen, werden differenziert benannt. Man verzichtet auf polemische Verwerfungen, auch gegenüber dem Kommunismus.[407] Es werden Positionen, nicht Menschen verurteilt – aber auch hier nicht in der Form dogmatischer Inkriminierung. Stattdessen verlangt der Atheismus eine gründliche Prüfung seiner Gründe, und zwar „gründlicher" als bisher (GS 21). Das schließt eine selbstkritische Perspektive ein, die sich auch in der Bestimmung der atheistischen Motive durchsetzt. Nicht nur „die heutige Zivilisation" (GS 19), sondern auch die Gläubigen *können Anteil an der Entstehung des Atheismus haben*:

„durch Vernachlässigung der Glaubenserziehung, durch mißverständliche Darstellung der Lehre oder auch durch die Mängel ihres religiösen, sittlichen und gesellschaftlichen Lebens". (GS 19)

In dieser Hinsicht besitzt der Atheismus eine inverse Offenbarungsqualität, weil er offen legt, was die Offenbarung *verhüllt*. Er wird nicht nur zum Sprachanlass, sondern verlangt eine Durchmusterung der gegebenen Lehre und ihrer Lebenswirklichkeit. Er ist ein theologisches Ferment im Modus der Bestreitung von Theologie. Damit zeichnet sich ein erweitertes geschichtliches Offenbarungsverständnis ab, das auch in jenen Zeichen der Zeit die Wahrheit und Bedeutung des Evangeliums zu ermitteln erlaubt, die die Wirklichkeit Gottes ausschließen wollen. Der versperrte „Zugang zu Gott" (GS 19) schafft indirekt einen eigenen.

Auf dieser Basis bestimmt das Konzil die verschiedenen Atheismen:

„So muß man den Atheismus zu den ernstesten Gegebenheiten dieser Zeit rechnen und aufs sorgfältigste prüfen. Mit dem Wort Atheismus werden voneinander sehr verschiedene Phänomene bezeichnet. Manche leugnen Gott ausdrücklich; andere meinen, der Mensch könne überhaupt nichts über ihn aussagen; wieder andere stellen die Frage nach Gott unter solchen methodischen Voraussetzungen, daß sie von vornherein sinnlos zu sein scheint. Viele überschreiten den Zuständigkeitsbereich der Erfahrungswissenschaften und erklären, alles sei nur Gegenstand solcher naturwissenschaftlicher Forschung, oder sie verwerfen umgekehrt jede Möglichkeit einer absoluten Wahrheit. Manche sind, wie es scheint, mehr interessiert an der Bejahung des Menschen als an der Leugnung Gottes, rühmen aber den Menschen so, daß ihr Glaube an Gott keine Lebensmacht mehr bleibt. Andere machen sich ein solches Bild von Gott, daß jenes Gebilde, das sie ablehnen, keineswegs der Gott des Evangeliums ist. Andere nehmen die Fragen nach Gott nicht einmal in Angriff, da sie keine Erfahrung der religiösen Unruhe zu machen scheinen und keinen Anlaß sehen, warum sie sich um Religion kümmern sollten. Der Atheismus entsteht außerdem nicht selten aus dem heftigen Protest gegen das Übel in der Welt oder aus der unberechtigten Übertragung des Begriffs des Absoluten auf gewisse menschliche Werte, so daß diese an Stelle Gottes treten. Auch die heutige Zivilisation kann oft, zwar nicht von ihrem Wesen her, aber durch ihre einseitige Zuwendung zu den irdischen Wirklichkeiten, den Zugang zu Gott erschweren." (GS 19)

Die benannten Phänotypen lassen im Blick auf die gegenwärtigen Atheismen tatsächlich von neuen Formen sprechen. Allerdings ordnen sich die Argumentationsmuster der szientifischen Naturalismen ebenso in das gegebene Tableau ein wie die verschiedenen kulturtheoretischen Positionen. Einen wirklichen Schritt über das Bekannte hinaus machen jene *neuen Atheisten*, die ein eigenes Format der Aufnahme und Durchbrechung des (christlichen) Theismus schaffen. Die sich nicht nur auf die Bedeutung theologischer Texte und Konzepte einlassen, sondern sie grundlegend wertschätzen können, ohne einen Prozess der *diskursiven* Wahrheitsbestreitung überhaupt noch anstrengen zu wollen.[408] Dieser neue Atheismus verzichtet nicht auf Argumente *contra*, sondern setzt sie implizit durch, indem der religiöse Gehalt theologischer Vorstellungen in neue Theoriezusammenhänge überführt und also faktisch enteignet wird. Nicht mehr die Kirche erschließt dialogisch, was ihre Lehre bedeutet, um so Glaubenshindernisse zu beseitigen, vielmehr werden ihr die eigenen Texte selbst neu vorgelegt. Von daher muss ihr theologischer Nennwert ermittelt werden.

Das gilt noch aus einem anderen Grund. Indem das Konzil aus einer pastoralen Sicht anerkennt, dass der Atheismus eine Realität ist, kann es aus ihm dogmatisch eigene Lehren ziehen. Das betrifft zunächst den Dialog mit der Welt selbst. Ein wirklicher Dialog schließt eine ernsthafte Herausforderung ein und bedeutet also eine Relativierung der eigenen Position. Man muss sich auf die andere Perspektive einlassen, was wiederum verlangt, ihr einen Raum im eigenen Denken und Leben zu geben. Nur dann kann sie verstanden werden, nur dann kann man ihr so begegnen, dass sich das Evangelium angesichts ihres Problemniveaus zur Sprache bringen lässt. Das schließt formal wie material einen weiteren Lernprozess ein:

> „Die Kirche lernt am Atheismus eine zweifache Fähigkeit zum Scheitern – sie lernt ein Scheitern an sich selbst kennen und sie lernt, dieses Scheitern nicht zu verschweigen. Der Dialog mit den Atheisten lehrt die Kirche deshalb etwas über eine Schwäche in ihrem eigenen Innen und sie lernt dabei, das Scheitern dieser Schwäche nicht zu verschweigen. Der Dialog nach außen mit den Atheisten ist mit dieser zweifachen Fähigkeit zu scheitern und zum Scheitern verbunden."[409]

Das Scheitern liegt im vergebenen Dialog mit der atheistischen Moderne. Die Kirche konnte den Wahrheitswert des Atheismus nicht anerkennen, weil sie hätte zugeben müssen, wo ihr eigener Anteil am Entstehen des Atheismus lag. Insofern die neuen Atheismen etwas sagen, was sich kirchlich so nicht sagen lässt, weil sie einen anderen Blick auf die Texte und Konzepte des Christentums erlauben, müssen sich Kirche und Theologie auf den Wahrheitswert dieser Herausforderungen einstellen. Ihre eigenen Lesarten werden relativiert, und das verlangt im Gegenzug, den eigenen Text auf das hin zu untersuchen, was ein Scheitern des Glaubens und der dialogischen Arbeit heute bedeutet. Gefordert ist aber auch, die fremden Lektüren gegenkritisch zu durchmustern. Gefordert sind notwendige Umstellungen.

## 6.2   Eine Konfrontation mit der eigenen Wahrheit

Die prekäre Aktualität der unterschiedlichsten politischen Theologien liefert einen entscheidenden Grund dafür, warum die atheistische Abkühlung in religiös aufgeheizten Zeiten für einen ganz anderen Klimawandel notwendig erscheint. Man beachte die Wortwahl: von einem *notwendigen* diskursiven Abklärungsprozess ist die Rede, nicht von einem logisch *zwingend* behaupteten Schluss, wie man ihn etwa theodizeekritisch auf die Nicht-Existenz Gottes hin ausfolgert. Nach dem Abtausch der einschlägigen Argumente, konfrontiert mit der Aussichtslosigkeit wechselseitiger Beweisgänge, im ewigen Eis eines festgefrorenen theoretischen Patt, mit dem religiöse und nicht-religiöse Überzeugungen einander konfrontiert sind, mag man seinem Gesprächspartner intellektuelle Aphasie oder bloße Borniertheit, ein psychisch regressives Verhalten oder eine interessengeleitete epistemische Praxis unterstellen. Nicht so sehr diskurspolitische Unhöflichkeit bereitet hier Unbehagen, vielmehr verlangen die anstehenden religionspolitischen Probleme, die Valenzen theistischer wie atheistischer Überzeugungen auszuarbeiten.

Die christliche Theologie hat für solche Fälle eine *konfrontative* Apologetik ausgebildet, die zumal in der Auseinandersetzung mit den verschiedenen religionskritischen Anfragen der Moderne ein ganzes Arsenal von Argumenten ausarbeitete. Auf der Linie dieser problematischen Metapher bestimmte sie ein polemisches Diskursbild. Unter nachmodernen Bedingungen mit religionsproduktiven Tendenzen einerseits und zugleich wachsender religiöser Alltagsapathie andererseits stellt sich für die Theologie die Frage nach der *Bedeutung der neuen Atheismen* unter anderen Vorzeichen. Sie wird sich dabei an einer Bestimmung orientieren dürfen, die Gustav Metzger für seine politischen Kunst-Aktionen vorsieht:

> „Ich habe Kunst immer so verstanden, daß sie Gefahren zeigt, die man nicht wahrnehmen will."[410]

Religionskritisch adaptiert, verlangt die atheistische Bestreitung der Existenz Gottes, die Rede von Gott auf den Prüfstand zu stellen – und nicht zuletzt jedes Handeln unter Berufung auf ihn. Die theologische Kunst besteht dann darin, das eigene konstitutive Gefahrenmoment aufzudecken. Religion ist gefährlich, denn sie verspricht Macht – allerdings in einer spezifischen Differenz. Wer zu Gott *betet*, muss sich dem eigenen theologischen Passiv aussetzen: Souverän ist der, mit dem man spricht, ohne seine Antwort in die eigene Verfügungsgewalt zu bekommen, denn sie entzieht sich noch da, wo man ihre Stimme als mystische Präsenz erfahren zu haben *glaubt*. Wer im Namen Gottes *handelt*, steht in der Versuchung, die Gottesmacht in die eigenen Hände zu nehmen. Dazu bietet es sich an, diesen Vorgang an eine besondere Ermächtigung zu binden – die Geschichte der Offenbarungstheologie kennt eine Unzahl entsprechender Strategien. Umso notwendiger ist es, sich theologisch auf die Gefahr einzulassen, die sich mit der Macht Gottes verbindet. Die Religionsgeschichte zeigt den ambivalenten Erfindungsreichtum, mit dem sich im Namen Gottes handeln lässt. Das gilt zumal für ihren wahrheitstheoretischen Ernstfall: Wer im Namen Gottes missioniert, steht in der Versuchung zu einer unbedingten Politik unbedingter Überzeugungen.

## 6.3 Eine notwendige theologische Konfrontation

Hier setzt der atheistische Schnitt an. Sein theoretisches Sektionsverfahren legt das Gewebe einer Idee frei, von der nichts als die Einsicht bleiben soll, dass nie existierte, wovon immer die Rede war. Die klassischen religionskritischen Argumentationsfiguren suchen dabei nach einer Auflösung des theistischen Überzeugungsrahmens auf der Basis unterschiedlicher Einsatzpunkte:

Naturalistische Kritik:

- Religion als menschliches Konstrukt (Projektion)
- Evolutionsbiologisches Argument: Religion als evolutionärer Vorteil
- Neurologisches Argument: Religion als bloße Hirnfunktion

Funktionalistische Kritik:

- Religion als schädliche Illusion
- Kulturtheoretisches Argument: Nachweis der destruktiven Folgen von Religionen

Sprachanalytische Kritik:

- Bedeutungslosigkeit des Wortes Gott
- Inkonsistenz von Vorstellungen
- Inkohärenz der tragenden Gottesattribute

Die theistische Gegenkritik versucht den Einwänden auf der

Ebene der getroffenen Voraussetzungen zu begegnen bzw. diese zu problematisieren:

- mit dem Hinweis auf den Unterschied zwischen Genesis und Geltung einer Überzeugung:
  - wenn z. B. bei religiösen Aktivitäten eine Gehirnregion besonders stimuliert wird, erlaubt dies nur unter rein naturalistischen Voraussetzungen den Rückschluss auf neurologische Prozesse als ausreichende Ursachenbestimmung des Phänomens und seine letztlich physiologische Definition;
  - wenn Religion ein evolutionäres Produkt ist, kann dies naturalistisch oder religiös gedeutet werden;
- mit der Rückwendung des Arguments auf die Anklageformulierung selbst – exemplarisch mit dem Hinweis auf die projektiven Anteile auch des religionskritischen Projektionsverdachts;
- mit dem Hinweis auf den Weltbildcharakter jenes szientifischen Naturalismus, der die eigenen Voraussetzungen nur unter bereits angenommener Geltung begründen kann[411];
- sprachanalytisch mit dem Hinweis auf den performativen Sinn religiöser Sätze, in denen es nicht um *Darstellung von Sachverhalten* (Carnap) geht, sondern die existenzielle Erfahrungen interpretieren. Ihre „metaphysischen" Implikationen bleiben zumindest für eine eschatologische Verifikation offen: dass Gott am Ende der Zeiten – in der *visio beatifica* – begegnet;
- im Blick auf die Theodizeefrage mit dem Hinweis darauf, dass eine letzte *reductio in mysterium* kein ad-hoc-Argument darstellt, da die entsprechende Überzeugung zum Grundbestand des Theismus gehört, und auch keine Immunisierungsstragie bedeutet, weil sich epistemisches Weltverhalten grundsätzlich an Unauflösbarem abarbeiten muss.[412]

Das Bild, das sich hier zeigt, führt zu einer unaufhebbaren Zirkulation der Argumente, zeigt aber auch eine überraschende Gemeinsamkeit in der Konfrontation. Der jeweilige Einwand zehrt von einer Realitätswahrnehmung, die niemals adäquat aufdecken kann, ob das Faktum Religion nicht doch die Existenz ihrer Bezugsgröße einschließt. Der notwendige Weltbildcharakter, der Kritik wie Gegenkritik einbettet, hält die Frage erkenntnistheoretisch so offen, dass sie von einer bleibenden Unruhe forciert wird. Karl Rahner hat diese Frage als den Taktgeber menschlicher Transzendenz ermittelt.[413]

Das erlaubt aus theistischer Perspektive im Blick auf die atheistische Religionskritik eine wichtige Schlussfolgerung: Kein logisches, kein sprachanalytisches Argument kann die Sicherheitsstandards erfüllen, an denen sich der kritische Einwand atheistisch bemisst – jedenfalls nicht außerhalb eines pragmatischen Bewährungszusammenhangs, den aber ebenso eine theistische Überzeugung für sich beanspruchen kann. Danach wäre Glaube gerechtfertigt, sofern er sich bewährt und er nicht falsifiziert wird. Bereits auf der Ebene der möglichen Beurteilungskriterien zeigt sich dabei eine unabschließbare Interpretationsoffenheit. Ihr erkenntnistheoretischer Clou ist die fehlende Transparenz von letzten Interpretationseinstellungen.[414] Darüber hinaus lässt sich die Unabschließbarkeit des Fragens selbst als Ort einer dramatischen Gespanntheit menschlicher Existenz bestimmen: auf etwas Unabschließbares, auf Unendliches hin justiert zu sein.[415] Das wiederum lässt sich weiterhin unterschiedlich auffassen – evolutionsbiologisch funktional wie religionsphilosophisch oder auch explizit theologisch.

## 6.4   Die theologische Verschärfung atheistischer Religionskritiken

Was bleibt an diesem Punkt? Aus theistischer Sicht die Auseinandersetzung mit der unabgegoltenen *Bedeutung* atheistischer Infragestellungen für die Theologie selbst. Der atheistische Einwand hat dabei schon deshalb Gewicht, weil er die

Existenz der Religion mit ihrem verworfenen Teil konfrontiert, der zugleich ihre äußerste Möglichkeit anzeigt: dass Gott *nicht ist.* Diese Überlegung findet sich nun auch im theologischen Innenraum einer signifikanten *religionskritischen* Selbstauffassung. Sie schlägt in den verschiedenen Traditionen negativer Theologie ebenso durch wie exemplarisch bei einem Mystiker wie Meister Eckehart, der Gott als „ein überseiendes Sein und eine überseiende Nichtheit"[416] beschreibt. Freilich bleibt auch Meister Eckehart an die Voraussetzungen einer metaphysischen Wirklichkeitsauffassung gebunden, die zur *Bestimmung des Seienden als Seienden*[417] nach letzten Gründen sucht. Sie lassen sich nur erheben, indem man „das physisch Erfahrbare durchdringt und übersteigt auf das Letzte hin: auf das Sein".[418] Damit bleibt Gott freilich Aspekt einer Ordnung der Dinge, die zwar auf ihn zurückgeführt wird, ihn aber doch in eine rational aufleistbare Kausalkette aufnimmt. Das Interesse an einer theoretisch verfügbaren Sicherheit, das sich hier absetzt, artikuliert sich im Projekt jener Gottesbeweise, die sich am Gotteszweifel entzünden. Dabei erscheint noch einmal die Wahlverwandtschaft zwischen klassischen theistischen Argumentationsfiguren und den verschiedenen Modellen ihrer atheistischen Konterkritik aufschlussreich:

a) Man sucht nach einer sicheren Erkenntnis in einem Bereich, der sich konstitutiv direkter Verifikation entzieht und zugleich für viele Menschen eine Erfahrungswirklichkeit darstellt. Das Interesse an Gottesbeweisen spielt mit ihrer Kritik dann zusammen, wenn diese aus der Unbeweisbarkeit der Existenz Gottes die „Irrationalität des Gottesglaubens" ableitet.[419]

b) Man greift auf kausale Begründungsfiguren zurück, die sich solange nicht von ihren metaphysischen Voraussetzungen lösen, wie sie bei der induktiv oder deduktiv gestellten Frage nach der Existenz Gottes ansetzen und eine Antwort vom menschlichen Gottesschluss erwarten.

c) Zugleich arbeiten beide Perspektiven am „Problem der

Grenze philosophischen Denkens"[420], also an der Bestimmung der Leistungsfähigkeit der Vernunft entlang der Herausforderungen, z. B. die Beginnlosigkeit des Alls formal denken zu sollen und doch nicht zu können.

Von dort aus ist für die Verhältnisbestimmung theistischer wie atheistischer Überzeugungen nach der Bedeutung ihrer Wissensformen, nach den Bedingungen und Grenzen ihrer theoretischen Einstellungen sowie nach ihrer praktischen Haftbarkeit zu fragen. Mit anderen Worten: Die notwendige *theologische* Herausforderung des Atheismus besteht darin, die Bedeutung des Theismus heute so zu bestimmen, dass er das Ungesagte der eigenen wie der ihm entgegen gesetzten Position benennt: ihr Gefahrenmoment. Dabei wird der Theologe darauf zu achten haben, *nicht zu appropriieren, was ihm nicht gehört*[421] und „jeden, der etwas anderes will als sie, als einen Suchenden, und jeden, der sie angreift, als einen Ringenden zu würdigen".[422]

Am leichtesten fällt es dabei, auf die kritischen Invektiven zu reagieren, die philologisch unter das Niveau fallen, das sie bei der Interpretation der eigenen Texte verlangen würden – ein Mindestmaß an historisch-kritischer Kontextualisierung und informierter Deutungsarbeit. Wichtiger ist aber die Einsicht, dass das erkenntnistheoretische Patt der wechselseitigen Kritiken theologisch darauf aufmerksam macht, dass die Frage nach der Existenz Gottes immer schon zu spät kommt. Sie entsteht nicht nur historisch auf der Basis eines entwickelten Gottesbezugs; sie ist logisch nicht als Frage nach dem Gegebenen zu immunisieren – sie ist vielmehr der Hinweis auf den Sinn einer theistischen Überzeugung als einer existenziellen Interpretation, die eine grundsätzliche Lebensbedeutung annimmt. Ihre Unabweisbarkeit für den jeweils Glaubenden steht dabei zur Debatte, d.h. *seine* Glaubensentscheidung, die er immer nur so deuten kann, dass er sie niemals vollständig mit eigenen Mitteln bestreitet – sie behält etwas Unverfügbares. Diese Konfrontation mit der eigenen Wahrheit des Glaubens ist unausweichlich. Sie stellt den Haushalt der gegebenen Ordnung der Dinge in Frage.

Genau darauf tendiert der christliche Gottesglaube, der sich an einem singulären Geschichtsereignis festmacht. In der Spannung menschlicher Existenz, die das Unendliche als Frage, damit aber zugleich als das notwendig zu Denkende und unmöglich Einzuholende in sich austrägt, entsteht die Hoffnung auf das, was noch dieser ans Absurde grenzenden, aporetisch auslaufenden Diastase als solcher eine Bedeutung gibt. Denn jenseits dessen lässt sich zwar Leben leben, Lebenssinn für den flüchtigen Moment einer Abfolge von Biographien adressieren, aber nicht mehr abweisen, dass das, was war, verloren ist und also auch jeder neue Augenblick nicht nur Aspekt unausgeschöpfter Vitalität bleibt, sondern bereits vergangen ist.[423] Man lebt nur den Tod und aktiviert doch eine gelebte Todesresistenz, den Widerstand des Moments gegen seine Vergänglichkeit. Das ist mehr als das biologisch ins ewig Fortlaufende evakuierte Verlangen des Lebens nach sich selbst. Das ist die Hoffnung auf die bleibende Bedeutung der Liebe, die man lebt und die so wenig umkommen soll wie das Leben, das man gibt. Diese Lebenshoffnung zeigt sich in jedem Entschluss, in der Wahl zwischen gehaltvollen Alternativen, die aus der Gleichgültigkeit ausschert und gerade dann eine Lebensbedeutung voraussetzt, wenn sie eine Lebensentscheidung, eine unwiderrufliche Festlegung verlangt und riskiert.

Hoffnung ist das Periodensystem unserer Existenz.[424] Sie nimmt Maß an der Geschichte, aus der sie stammt und an deren Aporien sie sich entzündet. Das könnte erneut den Projektionsverdacht lancieren. Er kommt zu spät, wenn sich die Hoffnung nicht am Maß der eigenen Träume, sondern an einer geschichtlichen Wirklichkeit festmacht, die das Format der gegebenen Politiken des Begehrens durchkreuzt.

> „Eine Hoffnung, die nur dem eigenen Wunsch entspringt, müsste in der Tat an der intellektuellen Redlichkeit scheitern. Der jüdisch-christliche Glaube, auf den sich Ricoeur mit dem

Verweis auf ein ‚Epos der Hoffnung' bezieht, bedient aber nicht Wunschprojektionen, sondern erinnert an Tod und Auferweckung des Jesus von Nazareth, also an ein historisches Geschehen, in dem Menschen erfahren haben, was es bedeutet, von einer Affirmation durch einen absoluten Anderen ausgehen zu können, einer Affirmation, deren Totalität unsere Wünsche zugleich übersteigt und umfasst".[425]

Die Rede von der Auferweckung des Gekreuzigten lässt sich sehr genau kontextualisieren. Die entsprechenden Traditionen sind bis in die apokalyptischen Voraussetzungen ihrer Bilder hinein rekonstruierbar. Damit ist aber der Anspruch auf eine einzigartige Bedeutung nicht abzuweisen, der sich aus der Interpretation eines geschichtlichen Moments ergibt. Sein Sinn liegt in der interpretativ erfassten Offenbarung eines Gottesbilds, in dem nicht der Tod eines Unschuldigen alle Geschichte auf ihre perennierte Sinnlosigkeit festlegt. In dieser als Selbstoffenbarung Gottes beschriebenen *Bedeutung* eines geschichtlichen Moments zeigt sich einerseits die konstitutive Grenze der Vernunft, die ein singuläres Ereignis nicht wirklich denken kann, weil es sich als solches entzieht, die es aber auch nicht vorab ausschließen kann, weil sich auch die Gegenwart dieser Vernunft nie definieren und also wirklich denken lässt. Andererseits zeigt sich die Grenze jedes historischen Zugriffs auf die Wirklichkeit, weil er sich nie eines geschichtlichen Generalzweifels entheben kann, ob war, was behauptet wurde und geschichtlich Bedeutung annahm. Dieses Ereignis kann nur bezeugt werden. Wann ein Zeugnis überzeugt, kann nicht jenseits der Bedeutung dieses Zeugnisses und des Bezeugten vorab festgelegt werden. Die Kohärenz des Lebens Jesu besteht darin, dass er die Liebe Gottes ausspricht und verbürgt. Diese Liebe wird in seinem Leben und in seinem Sterben wirklich. Sie manifestiert die Geschichte Gottes als Liebe in einem Menschen, der sich auch durch die eigene Vernichtung nicht von der Selbstbestimmung durch die Lebensmacht Gottes abbringen lässt; der zugleich menschlich genug jenem Zweifel in sich

Raum gibt und ihn aushält, durch den die eigene Lebensentscheidung alles Schwergewicht der Welt erhält.

Dass die letzte Hoffnung auf den Gott des Lebens nicht absurd abbricht, sondern die ganze Existenz des Menschen als Frage eine im Letzten unvorstellbare Antwort erfährt, bezeugen die Texte, die von der Wirklichkeit der Auferweckung des Gekreuzigten handeln. Sie nehmen die Unanschaulichkeit des letztlich Unvorstellbaren in der Spannung von Konkretion und Uneinholbarkeit auf. Der johanneische Thomas darf den Auferstandenen berühren, muss ihn aber an seinen Wunden erkennen, während das *Noli me tangere* im gleichen narrativen Kontext im Raum bleibt (Joh 20). Formal kann diese Erzählstrategie, die sich nicht der möglichen Machtekstase des Geschehens überlässt, dem Ausbruch von Gewalt oder ihren Phantasien, erneut die Konsistenz der von Jesus gelebten und sich in ihm durchsetzenden Gotteswirklichkeit angeben und ihr auf diese Weise entsprechen. Aber jenseits einer existenziellen Evidenz, die aus den Zirkeln des Zweifelns nicht ohne eine Entscheidung für oder gegen den Glauben an eine letzte Bedeutung dieser Geschichte und des in ihr sich vermittelnden Ereignisses auszubrechen vermag, lässt sich dieses Zeugnis nicht bestimmen. Die theoretische Frage nach ihm muss offen bleiben.

Damit rückt aber die religiöse Bedeutungsfrage in den Mittelpunkt der Auseinandersetzungen um die Haftbarkeit theistischer Überzeugungen.

## 6.5  Eine notwendige Provokation in religiös veränderten Zeiten

Tatsächlich haben die neueren kulturtheoretischen Religionskritiken vor diesem Hintergrund ein besonderes Gewicht, weil sie die Ambivalenzen religiöser Überzeugungen nach ihrem globalen Comeback mit eindringlicher Prägnanz herausarbeiten. Der *religious turn*, der sich bereits im Zusammenbruch der kommunistischen Systeme zeigt und sich zuvor im Iran ein weltpolitisches Format schuf, muss dabei als ein untergründiger Strom der vermeintlich grundsäkularisierten Moderne begriffen werden. Die Avancen der neomythischen Vernunft[426] gehören hierzu ebenso wie die fundamentalistischen Konsequenzen der Moderne, die sie in verschiedenen Religionen und Weltgegenden schon vor dem 2. Weltkrieg ermöglichte.

Der *erste notwendige Atheismus* kann vor diesem Hintergrund als ein religionspolitischer Marker begriffen werden, den vor allem kulturtheoretische Religionskritiken setzen. Angesichts neuer offensiver Gottesstrategien fragen sie nach der grundsätzlichen Kompatibilität von Religion und Humanität. Sie fordern damit die religionskritischen Regulative heraus, mit denen etwa die monotheistischen Religionen ausgestattet sind. Zumal die verschiedenen Bilderverbote haben hier ihren systematischen wie religionspolitischen Ort.

Die entsprechenden Anfragen leben von ihrer Kritik am inhumanen, am gewalttätigen Potenzial der Religionen. Gerade wenn man sie angesichts der geschichtlichen Macht der Fakten nicht als zwingend verstehen will, erscheint ein *zweiter Atheismus notwendig*: Man muss der Grausamkeit der Welt standhalten, wie sie ist. Man darf der Allgegenwart des Todes nicht ausweichen, mit der sich die Frage nach der Existenz Gottes dramatisiert.

Theologisch trifft diese Realitätserfahrung auf die atheistische Interpretation, dass Gott „außen" vor bleibt. Unsere Wirklichkeit weist wenig Gottesrealität auf. Will man an ihn glauben, so scheint er auf Entzug zu existieren. Theistisch fordert das zu einer notwendigen Umstellung der eigenen Gottesrede heraus – und zwar gerade im Interesse an einer Bestimmung von Humanität im Horizont einer Ordnung der Dinge, die von den unterschiedlichsten Ökonomien des Todes lebt. Nicht einfach das Fehlen Gottes wird zum Ort der Gottesrede, sondern in seinem Fehlen muss buchstabierbar werden, was die Gewaltsamkeit der Welt für ihre Opfer bedeutet. Mit anderen Worten: die Rede von Gott muss eine

Deutungsgröße für die Erfahrungen sein, die zum Anlass werden, auf Gott zu verzichten.

Gott ist dabei aus biblischer Sicht als entgegentretende Wirklichkeit zu bestimmen, mit der die angestammte politische, ökonomische und religiöse Einrichtung der Welt einer Umstellung unterzogen wird. Von daher ist für Israel die Thora die entscheidende Offenbarung Gottes, also die Herausforderung, *Gott zu handeln.* Seine Macht erweist sich in der Bereitschaft von Menschen, einem Gesetz Geltung zu verschaffen, dessen Gültigkeit sich als eine unverfügbare Bedeutungsmacht erweist, weil es jeden auf Gerechtigkeit verpflichtet.

Theologisch schließt das die Einsicht ein, dass Gott nicht als der äußere Geschichtshebel für unsere inneren Wunschvorstellungen fungieren kann. Hier bleibt es bei jenem Differenzraum, der sich nicht nur in der Sprache für eine bedrängend erfahrene und zugleich nie ganz zu vergegenwärtigende Wirklichkeit durchsetzt, sondern auch in der *Hoffnung als einer eigenen Wissensform* (docta spes) angezeigt wird. Gerade auf dieser Grundlage erscheint Gott im Sinne biblischer Traditionen als Raum, in dem die Existenz des Menschen als ganze zur Sprache kommen kann: zumal in den Aporien, mit denen sich kein Mensch abfinden kann.[427] Der Gott, mit dem Abraham konfrontiert ist, führt über die Grenzen hinaus, die zumutbar erscheinen: geographisch mit seinem Weg in neue biographische Sphären, existenziell mit der Aussicht auf eine *unvorstellbare* Zukunft.

Es ist gerade die atheistische Herausforderung, die verlangt, die Rede von Gott so umzustellen, dass ihre Gefahr sichtbar wird: Gott als eine *gegebene Größe* zu nehmen. Nur unter dieser Voraussetzung machen sowohl die Gottesbeweise als auch ihre Kritiken Sinn. Die Erfahrungswirklichkeit „Gott" verlangt einen anderen Modus ihrer Bestreitung – die Frage nach ihrer existenziellen Haftbarkeit. Das immunisiert sie nicht gegen Kritik, sondern forciert den Diskurs um die Grenzen der Vernunft, die den Glauben zu stellen sucht. Insofern behalten die skizzierten klassischen atheistischen

Diskurse ihre Bedeutung. Aber sie bleiben im virtuellen Raum einer Konfrontation, die sich letztlich auf die politische Wirklichkeit religiöser Überzeugungen einstellen muss. Das ist nun nicht einfach die Verschiebung vom theoretischen Parkett auf den praktischen Boden der geglaubten Tatsachen, sondern entspricht der durchaus auch theoretisch gewonnenen Einsicht in die lebensweltliche Grundierung von Glaubensüberzeugungen, die auf je eigene Weise Theisten wie Atheisten einsetzen. Sie wird besonders anschaulich, wo sich ihre Brüchigkeit zeigt.

Eine problematische Stellprobe kann dies auf die Spitze treiben. Sie nimmt den atheistischen Gesprächspartner so beim Wort, wie dieser seinen theologischen Widerpart an der eigenen Hand zum intellektuellen Exorzismus führt, um das „Falsche als Widerspruch aus ihm selbst hervorzutreiben".[428] Muss nicht als Kapitalverbrechen gegen die Menschlichkeit betrachtet werden, wenn mutwillig und zur eigenen Bedürfnisentwicklung Leid vermehrt, ja erst verursacht wird? Handelt es sich dann nicht bei jedem Zeugungsakt um den Übergang in die Sphäre jenes Zwangs zum Unglück sinnlosen Leids, das sich im neuen Leben nicht nur passiv fortsetzt, sondern aktiv vollstreckt, weil noch in jedem gesetzten Lebenssinn und vor allem der Liebe der Tod als totale Annullierung wartet, als das Leid der Liebe im unendlichen Verlust der geliebten Menschen? Sollte man nicht einen staatlichen Sterilisierungspakt vorschlagen, nicht unähnlich dem großen Geburtsverweigerer *Bariona* aus Sartres gleichnamigem Weihnachtsstück, mit dem das absurde Nichts besiegelt wird?[429] Oder zeigt sich in der Bereitschaft, das eigene Leben weiterzugeben, nicht doch eine kontrafaktische Liebe, die jedenfalls aus klassischen Begründungsklausuren ausbricht?

Die Macht des allgegenwärtigen Zufalls, den die Romane Paul Austers schier unabweisbar inszenieren, scheint jede Sinn-Kalkulation zu durchbrechen. Dabei trägt die Rede vom Zufall in der Weise eine Leerstelle der Gründe in unsere Welterklärungskarten ein, wie auch der Gedanke des Absurden eine sinnorientierende Funktion behält. Was bedeutet aber der kleine Sinn des endlich geglückten Lebens, wenn alle anderen sterben? Welche Bedeutung bewahrt der Sinn jetzt angesichts seines Untergangs im nächsten Augenblick? Und was kann Sinn verheißen jenseits einer Option auf umfassende Gerechtigkeit? Schließlich: Welchen Sinn verbürgt der eigene Sinn mit dem Blick auf die Orte der Verzweiflung, denen unendlich viele andere Menschen ausgesetzt sind? Keine Sinn-Hoffnung stellt einen Gott her – er wäre nichts als das Produkt unserer Träume und Wünsche. Stattdessen bleibt die damit verbundene Frage offen, und zwar unabschaffbar. In ihrem Raum bestimmt geschichtliche Wirklichkeit, ob unsere Hoffnung umkommt oder sich bewährt. Die Frage nach der Bedeutung unserer Existenz, nach dem, was sie trägt, muss von daher nicht a priori „sinnlos" erscheinen – und also auch nicht das mögliche Zeugnis erfahrener Gottesrealität.

Vor diesem Hintergrund muss die Rede von Gott als Wirklichkeitsraum daran gemessen werden, welche Konsequenzen sie austrägt. Das Ethos eines Gottesbildes, das sich auf einen Exodus aus Unrechtsverhältnissen festlegt und prophetische Religionskritik im Namen Gottes für die Armen Israels formuliert; das sich mit einem Zug nach unten hin beschreiben lässt und die Lebensmacht Gottes an den ausgeschlossenen Punkten unserer Realitätskonstruktionen verankert, seien sie politisch oder gesellschaftlich angelegt – ein solches Ethos erweist seine Kraft im Einspruch Gottes für den Menschen. Die Frage ist, ob nicht der menschliche Widerspruch gegen Gott von einer Hoffnung zehrt, die sich theistisch eben unter Verweis auf die ausstehende Macht Gottes erweist. Zumindest in der Gestalt einer Hoffnung, die am Ende auf die Macht Gottes setzt und sich in der Ohmacht des nackten Lebens nicht damit abfindet, dass bleibt, was war, wäre solche Gottesrede auch erkenntnistheoretisch verortet – schon formal, weil der Mensch hier über das Gegebene hinaus denkt. Aber auch insofern kann Gott nie das Gegebene sein.

*Gott* als eine notwendige Konfrontation – das wäre die theologische Umstellung, die sich aus einer atheistischen Korrektur an der Vorstellung des aus unseren Sinnerwartungen abgeleiteten Gottes ergibt. Die theologische Bedeutung des Atheismus hängt dann mit mehrfach verschränkten Einsichten zusammen:

- Theologie funktioniert nicht nach dem Schema von Frage und Antwort.
- Theologie bewahrt Unabgegoltenes.
- Gott ist nicht das Gegebene.

Die Bedeutung christlicher Gottesrede erweist sich dabei im Modus ihrer atheistischen Bestreitung:

- Gott bleibt ein Raum der Differenz in unseren religiösen Identitätspolitiken.
- Gott markiert einen Raum der Hoffnung im Horizont notwendiger Hoffnungspolitiken für diejenigen, die keine Hoffnung mehr aufbringen können (Walter Benjamin).
- Religiös gesprochen erscheint Gott auf dieser Linie als Anziehungs- und Schwerkraft der Welt, weil Gott eine Gegenmacht in den Ohnmachtsszenarien der Welt verheißt.
- Dass Gott die ausstehende Größe noch in unseren theologischen Kalkulationen bleibt, eröffnet den Raum für die vielleicht größte Zumutung jüdisch-christlicher Gottesüberzeugtheit – dass Er das *Gericht der Welt* sei: als eine Perspektive, mit der ein undenkbares Gerechtigkeitsszenario, jenseits seiner apokalyptischen In-Dienst-Stellung, die eigentliche Schwerkraft der Wirklichkeit bezeichnet.

Aber auch diese Gedanken führen an eine letzte Grenze. Dass sie nicht einfach für uns zur Verfügung steht, dass sie prekär bleiben muss, hängt am Bezug, den sie nicht herstellt, sondern auf den sie setzt: auf das Humanisierungspotenzial Gottes (wenn man es schon nicht christologisch entschiedener sagen möchte). In jedem Fall unterbricht atheistischer Einspruch auch hier eine Ordnung, die am Gegeben haftet

- und bringt Unruhe in alles, was sich mit *Gott* meint *abfinden* zu können.

Ein theologisches Lernprogramm setzt auf dieser Basis an:

- Die verschiedenen Gottesstrategien erfordern *notwendige Begrenzungen*. Gott *handeln*, kann nicht erlauben, Gott als Legitimation für Politiken der Ausschließung von Menschen aus dem Raum der Menschlichkeit zu benutzen.
- Die unterschiedlichen Gottesbilder verlangen *notwendige Blasphemien* im Sinne von Korrekturen. Von Gott muss auch entstellend anders gesprochen werden können, um seine Unverfügbarkeit zu bewahren und die eigenen Gottesbilder einer scharfen Prüfung auszusetzen. Gerade vermeintliche Blasphemien erinnern an den Unterschied zwischen dem eigenen Glauben und Gott. Glauben taugt zu Identitätspolitiken und scharfen Abgrenzungen. Die eigentliche Blasphemie tritt zu Tage, wenn Gott zum Vehikel der eigenen Gottesanwendungen degeneriert.
- Die multiplen Gottessprachen auch der Bestreitung und des Zweifels ziehen *notwendige Relativierungen* des Glaubens ein. Er darf sich seiner selbst nie in der Weise sicher sein, dass er nur die eigene Perspektive zulässt; dass er Gott als systemische Abschließung konsumiert, mit der ER zum Anwendungsfall persönlicher Weltorientierungsinteressen wird.
- Die abweichenden Gottesbekenntnisse provozieren *notwendige Komplizierungen* der Gottesrede. Wo sie einlinig wird, wo sie univoke Direktheiten erzeugt, unterschreitet sie die offenbarungstheologische Einsicht, dass sich die Offenbarung Gottes an die Modi seiner Verborgenheit bindet. Der trinitarische Gott der Beziehung fordert in seiner geschichtlichen Wirklichkeit komplexe Bestimmungen heraus. Sie bleiben anspruchsvoll und also riskant, weil sie *im Geist der Unterscheidung* immer wieder neu zur Prüfung anstehen.

Eine Theologie, die zu notwendigen Umstellungen in den Zeichen der Zeit bereit ist, kann *dem* einen Raum in der eigenen Gegenwart erschließen, was *unmöglich* erscheint und zugleich *notwendig* bleibt – nicht als Antwort, nicht als schlechthin Gegebenes, sondern als Provokation: *Gott selbst.*

# Anmerkungen

[1] Vgl. Sam Harris, Das Ende des Glaubens. Religion, Terror und das Licht der Vernunft, Winterthur 2007, 7–48.

[2] Vgl. Richard Dawkins, Der Gotteswahn, Berlin 2007.

[3] Michel Onfray, Wir brauchen keinen Gott. Warum man jetzt Atheist sein muß, München [2]2006, 22. – Vgl. auch die Polemiken von Piergiorgio Odifreddi, Il matematico impertinente, Milano 2005; ders., Perchè non possiamo essere cristiani (e meno che mai cattolici), Milano 2007.

[4] Peter Sloterdijk, Gottes Eifer. Vom Kampf der drei Monotheismen, Frankfurt a. M. 2007. – Vgl. zur Kritik am Gewaltpotenzial von Offenbarungsreligionen Elie Barnavi, Mörderische Religion. Eine Streitschrift, Berlin 2008.

[5] Vgl. vor diesem Hintergrund die – sehr disparaten – Bestandsaufnahmen des Philosophicum Lech 2007: Konrad Paul Liessmann, Die Gretchenfrage. „Nun sag', wie hast du's mit der Religion?", Wien 2008.

[6] José Antonio Marina, Das Gottesgutachten. Religion für Atheisten, Zweifler und Gläubige, Darmstadt 2005.

[7] Christopher Hitchens, Der Herr ist kein Hirte. Wie Religion die Welt vergiftet, München [2]2007, 331–338.

[8] Vgl. zuletzt die Enzyklika „Spe Salvi", Nr. 23: „Vernunft ist die große Gottesgabe an den Menschen, und der Sieg der Vernunft über die Unvernunft ist auch ein Ziel des christlichen Glaubens. Aber wann herrscht die Vernunft wirklich? Wenn sie sich von Gott gelöst hat? Wenn sie für Gott blind geworden ist? Ist die Vernunft des Könnens und des Machens schon die ganze Vernunft? Wenn der Fortschritt, um Fortschritt zu sein, des moralischen Wachsens der Menschheit bedarf, dann muß die Vernunft des Könnens und des Machens ebenso dringend durch die Öffnung der Vernunft für die rettenden Kräfte des Glaubens, für die Unterscheidung von Gut und Böse ergänzt werden. Nur so wird sie wahrhaft menschliche Vernunft … Darum braucht die Vernunft den Glauben, um ganz zu sich selbst zu kommen: Vernunft und Glaube brauchen sich gegenseitig, um ihr wahres Wesen und ihre Sendung zu erfüllen." Vgl. Benedikt XVI., Glaube und Vernunft. Die Regensburger Rede. Vollständige Ausgabe. Kommentiert von Gesine Schwan, Adel Theodor Khoury, Karl Kardinal Lehmann, Freiburg u.a. 2006.

[9] Auf hohem Niveau zeigt sich diese Verwebung im Gespräch zwischen Joseph Ratzinger und Jürgen Habermas: dies., Dialektik der Säkularisierung. Über Vernunft und Religion. Mit einem Vorwort hrsg. v. Florian Schuller, Freiburg 2005.

[10] Vgl. Klaus Müller, Neuer Atheismus? Alte Klischees, aggressive Töne, heilsame Provokationen, in: HK 61 (2007) 552–557; Thomas

159

Schärtl, Neuer Atheismus. Zwischen Argument, Anklage und Anmaßung, in: StdZ 226 (2008) 147–161; Magnus Striet (Hrsg.), Wiederkehr des Atheismus. Fluch oder Segen für die Theologie? Freiburg u.a. 2008. Vgl. zum aktuellen Stand der Diskussion darüber hinaus: Alexander Kissler, Der aufgeklärte Gott. Wie die Religion zur Vernunft kam, München 2008; Gerhard Lohfink, Welche Argumente hat der neue Atheismus? Eine kritische Auseinandersetzung, Bad Tölz 2008; Ulrich Schnabel (Hrsg.), Die Vermessung des Glaubens. Forscher ergründen, wie der Glaube entsteht und warum er Berge versetzt, München 2008; Matthias Wörther, Kein Gott nirgend? Neuer Atheismus und alter Glaube, Würzburg 2008. – Armin Nassehi (Zwischen kämpferischem Atheismus und religiöser Indifferenz. Was will der „Neue Atheismus"?, in: Zur Debatte 38 (2008) Hft. 5, 19–21) weist darauf hin, dass der „neue Atheismus" letztlich „ein publizistisches Phänomen" sein (a.a.O., 21). Und unter den lebensweltlichen Voraussetzungen „einer postbürgerlichen, an Inkonsistenzen und Differenzen gewöhnten Gesellschaft mutet das, was unter dem Label ‚neuer Atheismus' firmiert, geradezu anachronistisch an." (Ebd.) Soziologisch steht man vor dem Nachziehen alter Frontverläufe; philosophisch wie theologisch müssen die entsprechenden Kritikformulare umso genauer bestimmt werden, um die Fragewerte jener atheistischen Positionen ermitteln zu können,

mit denen sich neue Herausforderungen und auch Entwicklungen verbinden (vgl. dazu die beiden Schlusskapitel).

[11] Vgl. Hans-Joachim Höhn, Postsäkular. Gesellschaft im Umbruch – Religion im Wandel, Paderborn u.a. 2007, 33–56; vgl. ders., Zerstreuungen. Religion zwischen Sinnsuche und Erlebnismarkt, Düsseldorf 1998.

[12] In diesem Zusammenhang erscheint aufschlussreich, wie sich der Tonfall in einschlägigen religionskritischen Texten verändert: Mit einem Mal spitzt sich etwas zu, die Stimmung wird gereizter, die Schlagzahl in der Abfolge der Sätze und Argumente nimmt zu. Es wäre interessant, auf der Basis literarischer Exegesen einmal eine Rhetorik religionskritischer Texturen auszuarbeiten.

[13] Der Karikaturenstreit aus dem Jahr 2006 liefert hier Anschauungsmaterial, das sich, mit anderer Intensität, auch in christlichen Blasphemie-Debatten entdecken lässt.

[14] Vgl. dazu die große Studie von Charles Taylor, A Secular Age, Cambridge / Mass. 2007.

[15] Wolfgang Sofsky, Verteidigung des Privaten. Eine Streitschrift, München 2007, 139.

[16] Vgl. in diesem Zusammenhang den Hinweis von Joachim Valentin (Unerlässliche dialogische Kompetenz. Horizont und aktuelle Fragen der Fundamentaltheologie, in: HK 57 (2003) 237–242; hier: 241): „Weder der kämpferische (marxistische) Atheismus der sechziger und siebziger Jahre noch die verklingenden

Spielarten der New-Age-Religion der achtziger und neunziger Jahre bilden heute vornehmlich das Gegenüber der Fundamentaltheologie: Zunehmend sind dies vielmehr Vertreter der Weltreligionen, vor allem des Islam." – Die Diagnose von Joachim Valentin nimmt eine eigene Form angesichts der neuen Atheismus-Diskussionen des neuen Jahrhunderts an. Das Gegenüber der Religionen bedingt eine neue Form des Atheismus, und er ist nicht weniger kämpferisch veranlagt als seine Vorgänger. Das wiederum adressiert neue Herausforderungen an die Fundamentaltheologie.

[17] Martin Riesebrodt, Die Rückkehr der Religionen. Fundamentalismus und der „Kampf der Kulturen", München 2000.

[18] José Casanova, Public Religions in the Modern World, Chicago 1994.

[19] Vgl. Hans Gerhard Kippenberg, Gewalt als Gottesdienst. Religionskriege im Zeitalter der Globalisierung, München 2008.

[20] Jürgen Habermas, Ein Bewußtsein von dem, was fehlt, in: Michael Reder / Josef Schmidt (Hrsg.), Ein Bewußtsein von dem, was fehlt. Eine Diskussion mit Jürgen Habermas, Frankfurt a. M. 2008, 26–36; hier: 29.

[21] Ebd., 30.

[22] Mit dem Titel des Vortrags von Habermas.

[23] Vgl. Norbert Bolz, Das Wissen der Religion. Betrachtungen eines religiös Unmusikalischen, München 2008. – Vgl. dazu die kritische Analyse von Bernhard Dressler,

In der Bibel gibt es keine Werte. Atheismus und Religion, in: FAZ v. 9.6.2008.

[24] Jürgen Habermas, Ein Bewußtsein von dem, was fehlt, 29.

[25] Friedrich Wilhelm Graf, Die Wiederkehr der Götter. Religion in der modernen Kultur, München 2004.

[26] Vgl. Alois Halbmayr, Die Wechselwirkung von Gott und Geld. Georg Simmels Philosophie des Geldes als Beitrag zur Relativität der Gottesrede, Habilitationsschrift Salzburg 2007.

[27] Zu Begriff und Geschichte des Atheismus vgl. Fritz Mauthner, Der Atheismus und seine Geschichte im Abendlande, Stuttgart-Berlin 1920–1923 (Neuausgabe Frankfurt 1989); Georges Minois, Geschichte des Atheismus. Von den Anfängen bis zur Gegenwart, Weimar 2000 (Paris 1998); Winfried Schröder, Ursprünge des Atheismus. Untersuchungen zur Metaphysik- und Religionskritik des 17. und 18. Jahrhunderts, Stuttgart / Bad Canstatt 1998; Julian Baggini, Atheism. A Very Short Introduction, Oxford 2003; Hildegard Cancik-Lindemaier, Gottlosigkeit im Altertum. Materialismus – Pantheismus – Religionskritik – Atheismus, in: Richard Faber / Susanne Lanwerd (Hrsg.), Atheismus: Ideologie, Philosophie oder Mentalität?, Würzburg 2006, 15–33; Tom Flynn (Hrsg.), The New Encyclopedia of Unbelief, New York 2007; darin der Überblick von Michael Martin, Atheism, 88–96. – Vgl. zur interkulturellen Geschichte des Atheismus den Hinweis von Amartya Sen auf die im 14. Jh. in Sanskrit veröffent-

lichte Schrift „Sarvadarshanasamgraha", die u.a. eine atheistische Position dokumentiert: Amartya Sen, Die Identitätsfalle, München ³2007, 49; vgl. ebd. mit Bezug auf den indischen Kaiser Akbar, der im 16. Jh. gelebt hat: 76; 170f.

[28] Klaus Müller, Streit um Gott. Politik, Poetik und Philosophie im Ringen um das wahre Gottesbild, Regensburg 2006.

[29] Vgl. Gregor Maria Hoff, Religionskritik heute, Kevelaer 2004.

[30] Peter Handke, Das Gewicht der Welt. Ein Journal (November 1975 – März 1977), Frankfurt a.M. ⁸2003.

[31] Christoph Ransmayr, Die letzte Welt, Frankfurt a.M. 2008.

[32] Ilja Trojanow, Der Weltensammler, München 2007.

[33] Daniel Kehlmann, Die Vermessung der Welt, Reinbek bei Hamburg ³⁸2005.

[34] Vgl. Theodor W. Adorno, Ästhetische Theorie, Frankfurt a. M. ⁹1989.

[35] Vgl. Georg Langenhorst, „Ich gönne mir das Wort Gott". Schriftsteller unserer Zeit vor der Gottesfrage, Freiburg u.a. 2009; vgl. spezifisch religionskritisch Jan-Heiner Tück, Rebellion gegen Gott. Glauben, nicht mehr glauben zu können, in: StdZ 226 (2008) 26–36; Gregor Maria Hoff, Verlustgeschichten. Modelle literarischer Religionskritik heute, in: rhs 48 (2006) 109–116.

[36] Paul Auster, Das rote Notizbuch, Reinbek bei Hamburg 1996 (orig. The Red Notebook, New York 1995).

[37] Ders., Nacht des Orakels. Roman, Reinbek bei Hamburg 2004 (orig.

Oracle Night. A Novel, New York, 2004).

[38] Ders., Die Musik des Zufalls. Roman, Reinbek bei Hamburg 1990 (orig. The Music of Change, New York 1990).

[39] Vgl. Gregor Maria Hoff, Die Offenbarungen des Zufalls. Paul Austers Roman „Nacht des Orakels", in: ders. (Hrsg.), Auf Erkundung. Lesereisen durch fremde Bücherwelten, Mainz 2005, 117–129.

[40] Auskunft nach Wikipedia: http://de.wikipedia.org/wiki/Paul_Auster.

[41] Paul Auster, Reisen im Skriptorium. Roman, Reinbek bei Hamburg 2007, 19 (orig. Travels in the Scriptorium, New York 2007).

[42] Ders., Die Brooklyn-Revue, Reinbek bei Hamburg 2006 (orig. The Brooklyn Follies, New York 2005).

[43] Ebd., 7.

[44] Ebd., 29; vgl. 81; 183.

[45] Vgl. ebd., 226. „Also hat uns der Scheißkerl, der uns die Cola in den Tank gekippt hat, in Wirklichkeit das Leben gerettet."

[46] Ebd., 264.

[47] Ebd., 32–41.

[48] Ebd., 343.

[49] Ebd., 65.

[50] Ebd., 345.

[51] Ebd., 348.

[52] Ebd., 349.

[53] Ebd., 282.

[54] Ebd., 39.

[55] Ebd., 66.

[56] Vgl. ebd., 92.

[57] Vgl. ebd., 290.

[58] Vgl. ebd., 116–129.

[59] Ebd., 117.

[60] Ebd., 121.

[61] Ebd.

[62] Ebd., 173.

[63] Ebd., 180.

[64] Vgl. ebd., 196.

[65] Vgl. ebd., 207 f.

[66] Ebd., 302.

[67] Ebd., 303.

[68] Ebd., 323.

[69] Ebd., 340 f.

[70] Ian McEwan, Am Strand. Roman, Zürich 2007 (orig. On Chesil Beach, London 2007).

[71] Ebd., 59.

[72] Ebd.

[73] Ders., Saturday. Roman, Zürich 2005, 48 (orig. London 2005).

[74] Christopher Hitchens, Der Herr ist kein Hirte.

[75] Wie viel Freiheit braucht der Mensch? Ian McEwan spricht über seinen neuen Roman und alte Verfehlungen, über blinden Glauben und die Hellsicht der Wissenschaft, in: NZZ v. 21.7.2007.

[76] Ian McEwan, Liebeswahn. Roman, Zürich 2000, 350 (orig. Enduring Love, London 1997).

[77] Ders., Schwarze Hunde. Roman, Zürich 1996, 22 (orig. Black Dogs, London 1992).

[78] Ebd., 188.

[79] Ebd., 195.

[80] Ebd., 197.

[81] Ebd., 222.

[82] Vgl. ebd., 152–157.

[83] Ders., Saturday, 114 f.

[84] Ebd., 79.

[85] Ders., End of the World Blues, in: Christopher Hitchens (Hrsg.), The Portable Atheist. Essential Readings for the Nonbeliever, Philadelphia 2007, 351–365.

[86] Philip Roth, Jedermann. Roman, München-Wien 2006, 14 (orig. Everyman New York 2006).

[87] Ebd., 22.

[88] „Ich bin nicht Zuckerman". Philip Roth im Interview, in: Frankfurter Rundschau v. 2.2.2008.

[89] Ders., Jedermann, 172.

[90] Ebd., 12.

[91] Ebd., 13.

[92] Ebd., 162.

[93] Ebd., 161.

[94] Ebd., 54.

[95] Ders., Exit Ghost. Roman, München-Wien 2008 (orig. London 2007).

[96] Ders., Sabbaths Theater. Roman, München-Wien 1996 (orig. Boston 2005).

[97] Ders., Das sterbende Tier. Roman, München-Wien 2003 (orig. The Dying Animal, New York 2001).

[98] Ders., Jedermann, 75.

[99] Ebd., 34 f.

[100] Ebd., 59.

[101] Ebd., 159.

[102] Ebd., 61.

[103] Hubert Spiegel, Ein Tod unsrer Zeit. Philip Roth gibt uns den Jedermann des 21. Jahrhunderts, in: FAZ v. 16.9.2008.

[104] Cormac McCarthy, Die Straße. Roman, Reinbek bei Hamburg 2007, 8 (orig. The Road, New York 2006).

[105] Ders., Draußen im Dunkel. Roman, Reinbek bei Hamburg 1994, 153 (orig. Outer Dark, New York 1968).

[106] Ders., Die Abendröte im Westen. Roman, Reinbek bei Hamburg 1998, 25 (orig. Blood Meridian or the Evening Redness in the West, New York, 1985).

[107] Ders., Die Straße, 7.

[108] Ders., Kein Land für alte Män-

ner. Roman, Reinbek bei Hamburg 2008, 233 (orig. No Contry for Old Men, New York 2005).

[109] Ebd., 163.

[110] Ebd., 258 f. (Im Original kursiv.)

[111] Ders., Die Straße, 167.

[112] Ebd., 8.

[113] Ebd., 18.

[114] Ebd., 32.

[115] Ebd., 118.

[116] Ebd., 151; 154. – Vgl. Hubert Spiegel, Es gibt keine Götter, nur noch Propheten, in: FAZ v. 7.6.2008.

[117] Ebd., 253.

[118] Leszek Kolakowski bestimmt an der Grenze des Sprechens „das Absolute, das trotz seiner nicht zu überwindenden Undefinierbarkeit unbestimmt am Horizont all unserer möglichen Sprachen aufragt, niemals genau festgelegt, stets tastend gesucht". (Ders., Der metaphysische Horror, München 2002, 63.)

[119] Er wurde am selben Tag in der International Herald Tribune unter dem Titel „Finding design in evolution" abgedruckt.

[120] Zur theologischen Kritik vgl. Ulrich Lüke, Das Säugetier von Gottes Gnaden. Evolution, Bewusstsein, Freiheit, Freiburg u.a. 2006, 100–133.

[121] Vgl. Ulrich Kutschera (Hrsg.), Kreationismus in Deutschland. Fakten und Analysen, Münster 2007.

[122] Vgl. Ulrich Kutschera (Atheistische Ersatzreligion: Ein Oxymoron, in: Zur Debatte 38 (2008) Hft. 5, 22) spricht von einem „ontologischen Naturalismus", der „die Grundlage naturwissenschaftlichen Arbeitens und Denkens" darstellt, der aus seiner Sicht empirisch begründet und also „kein Dogmensystem, kein Glaubenssatz und auch keine Ersatzreligion ist, sondern nichts anderes als ein rational-logisches Venrunftprinzip." – Zur theologischen Auseinandersetzung mit dem evolutionsbiologischen szientifischen Naturalismus vgl. Axel Heinrich, Soziobiologie als kulturrevolutionäres Programm (ratio fidei 6), Regensburg 2001.

[123] Michael Schmidt-Salomon, Manifest des evolutionären Humanismus. Plädoyer für eine zeitgemäße Leitkultur, Aschaffenburg 2. erw. u. korr. Auflage 2006.

[124] Mit dem Untertitel „Ein Buch für alle, die sich nichts vormachen lassen" gemeinsam mit Helge Nyncke publiziert (Aschaffenburg 2007). Das Familienministerium der BRD stellte einen Antrag auf Indizierung (21.12.07), der von der Bundesprüfstelle für jugendgefährdende Medien am 6.3.08 abgelehnt wurde. Im Raum steht u.a. wegen der Darstellung eines jüdischen Rabbis der Verdacht auf antisemitisch besetzte Typisierung.

[125] Michael Schmidt-Salomon, Manifest des evolutionären Humanismus, 55.

[126] Ebd., 40.

[127] Ebd., 38. (Im Original kursiv.)

[128] Thomas Schärtl, Wahrheit und Gewissheit. Zur Eigenart religiösen Glaubens, Regensburg 2004, 165.

[129] Ebd., 166.

[130] Vgl. Michael Schmidt-Salomon, Manifest des evolutionären Humanismus, 58–62.

[131] Ebd., 60. (Im Original kursiv.)

[132] Ebd., 61.

[133] Vgl. Richard Dawkins, Der Gotteswahn, Berlin 2007, 247. – Zur kritischen Auseinandersetzung vgl. Alister McGrath (mit Joanna Collicutt McGrath), Der Atheismus-Wahn. Eine Antwort auf Richard Dawkins und den atheistischen Fundamentalismus, München 2007; Peter Strasser, Warum überhaupt Religion? Der Gott, der Richard Dawkins erschuf, München 2008; Godehard Brüntrup, Atheismuswahn statt Gotteswahn, in: StdZ 226 (2008) 130–134.

[134] Richard Dawkins, Der Gotteswahn, 521.

[135] Der Soziologe Armin Nassehi (Zwischen kämpferischem Atheismus und religiöser Indifferenz. Was will der „Neue Atheismus"?, in: Zur Debatte 38 (2008) Hft. 5, 19–21) charakterisiert Dawkins' Position gar als fundamentalistisch, insofern er eine Hermeneutik der Entdifferenzierung betreibt.

[136] Vgl. theologisch Karl Rahner, Hörer des Wortes. Zur Grundlegung einer Religionsphilosophie, München 1941.

[137] Richard Dawkins, Der Gotteswahn, 234.

[138] Ebd, 124.

[139] Vgl. ebd., 252.

[140] In diesem Zusammenhang ist bemerkenswert, wie Dawkins „das Wunderbare in der Naturwissenschaft in den Mittelpunkt rücken" will: „Das Gefühl des ehrfürchtigen Staunens, das uns die Naturwissenschaft vermitteln kann, gehört zu den erhabensten Erlebnissen, deren die menschliche Seele fähig ist. Es ist eine tiefe ästhetische Empfindung, gleichrangig mit dem Schönsten, das Dichtung und Musik uns geben können. Es gehört zu den Dingen, die das Leben lebenswert machen, und am meisten dann, wenn es in uns die Überzeugung weckt, dass unsere Lebenszeit endlich ist." (Richard Dawkins, Der entzauberte Regenbogen. Wissenschaft, Aberglaube und die Kraft der Phantasie, Reinbek bei Hamburg 2000, 10. Das *ehrfürchtige Staunen* bestimmt eine philosophische Wahrnehmungsgrenze eines streng naturalistischen Paradigmas. Das Staunen, das in Ehrfurcht übergeht, adressiert Fragen, die sich gerade angesichts des Todes stellen, weil sie die Wirklichkeit nicht einfach im Ablauf der Geschichte stehen lassen, sondern sie mit interessierter Unruhe bearbeiten. – Für die Literaturhinweise danke ich Prof. Dr. Wolfgang Wickler.

[141] Richard Dawkins, Der Gotteswahn, 25 f.

[142] Ebd., 14.

[143] Ebd., 11.

[144] Ebd., 304.

[145] Vgl. ebd., 298. Vgl. ders., Das egoistische Gen. Ergänzte u. überarb. Neuauflage, Heidelberg u.a. 1994 (orig. *The Selfish Gene*, Oxford 1976).

[146] Ebd., Der Gotteswahn, 266.

[147] Ebd.

[148] Das Christentum ist keine Religion der Unsterblichkeit. Der Tod behält seinen Ort, seine bedrängende Realität wird nicht entschärft. Auch der Gekreuzigte stirbt, und die Liturgie des Karsamstag hält die Gra-

besruhe ein. Der Tod Gottes wird vor jedem atheistischen Einspruch vom Christentum selbst markiert, um die Lebensmacht Gottes *im Tod über den Tod hinaus* zu bestimmen. Es handelt sich um die sachlogische Entsprechung zur Überzeugung von der *creatio ex nihilo*: das Unvorstellbare des Nichts, des Nichtseins, das unser Denken begleitet, stellt keine zweite Realität neben Gott dar, sondern führt in das Geheimnis seiner Wirklichkeit. Damit ist zugleich eine konstitutiv unüberschreitbare Grenze gesetzt. An der notwendigen und zugleich unmöglichen Vorstellung vom Nichts haftet die menschliche Transzendenzfähigkeit und -notwendigkeit.

[149] Ebd., 256.

[150] Vgl. ebd., 231.

[151] Ebd., 245 f.

[152] Ebd., 242.

[153] Ebd., 268.

[154] Vgl. ebd., 178.

[155] Vgl. ebd., 222–224.

[156] Vgl. ebd., 49 f.

[157] Vgl. ebd., 93: Dawkins erinnert daran, „wie ich einmal zusammen mit Swinburne und Professor Peter Atkins, unserem Kollegen aus Oxford, in einer Fernsehdiskussion saß. An einer Stelle versuchte Swinburne, den Holocaust zu rechtfertigen: Er habe den Juden eine großartige Gelegenheit verschafft, sich als mutig und edel zu erweisen. Worauf Peter Atkins knurrte: „Sie sollten in der Hölle braten."* (* In der Version, die schließlich über den Sender ging, wurde dieser Wortwechsel herausgeschnitten. Dass Swinburnes Bemerkung typisch für seine Theologie ist, zeigt sich auch an einer ganz ähnlichen Äußerung über Hiroshima in seinem Buch The Existence of God (2004, 264): „Angenommen, es wäre durch die Atombombe von Hiroshima auch nur ein Mensch weniger verbrannt. Dann hätte es eine Gelegenheit weniger für Mut und Mitgefühl gegeben …").

[158] Pascal Boyer, Und Mensch schuf Gott, Stuttgart 2004, 11.

[159] Ebd., 28.

[160] Ebd., 152.

[161] Ebd., 40 f.

[162] Ebd., 321.

[163] Vgl. ebd., 373.

[164] Vgl. ebd., 145.

[165] Ebd., 96.

[166] Ebd., 105.

[167] Ebd., 363.

[168] Ebd., 364. – Vgl. ausführlicher zu dieser Liste ebd., 363 f.

[169] Ebd., 362.

[170] Vgl. ebd., 362.

[171] Ebd., 364.

[172] Ebd., 360.

[173] Ebd.

[174] Ebd.

[175] Ebd., 398.

[176] Ebd., 305.

[177] Ebd., 279.

[178] Ebd., 270.

[179] Ebd., 279.

[180] Ebd.

[181] Ebd., 318.

[182] Ebd., 64.

[183] Vgl. ebd., 42.

[184] Aus neurowissenschaftlicher Sicht kritisiert Andrew Newberg jede Form eines atheistisch-religionskritischen Reduktionismus: vgl. ders. / Eugene d'Aquili / Vince Rau-

se, Der gedachte Gott. Wie Glaube im Gehirn entsteht, München-Zürich 2001, 56–58. – Vgl. zur Kritik sowohl an Newbergs eigenen „neurotheologischen" Konsequenzen als auch grundsätzlich an jeder Form von Neuro-Theologie: Ulrich Lüke, Das Säugetier von Gottes Gnaden, 255–273.

[185] Vgl. Richard Dawkins, Der Gotteswahn, 246.

[186] Pascal Boyer, Und Mensch schuf Gott, 64.

[187] Daniel Dennett, Den Bann brechen. Religion als natürliches Phänomen, Frankfurt a. M. 2008.

[188] Vgl. ebd., 109.

[189] Vgl. ebd., 99.

[190] Vgl. ebd., 98.

[191] Ebd., 87.

[192] Ebd.

[193] Ebd., 99.

[194] Vgl. ebd., 136.

[195] Vgl. ebd., 132.

[196] Vgl. Ulrich Lüke, „Als Anfang schuf Gott …" Bio-Theologie: Zeit – Evolution – Hominisation, Paderborn u.a. 1997, 242–295.

[197] Daniel Dennett, Den Bann brechen, 148.

[198] Ebd., 149.

[199] Ebd., 151.

[200] Ebd.

[201] Vgl. ebd., 145.

[202] Ebd., 151.

[203] Vgl. das Bilderverbot als Kritik an Gottesprojektionen; die hermeneutischen Regeln der ignatianischen Unterscheidung der Geister als Aufklärung über die angemessene Zuordnung der eigenen Wünsche und des Willens Gottes; die Rolle kirchlich geordneter Verfahren bei der Überwindung des Hexenwahns u.v.m.

[204] Das gilt auch angesichts des Hinweises von Dennett, dass zur Religion „weit mehr als nur eine Faszination für kontraintuitive, akteurähnliche Wesen" gehört (ebd., 162). Diese Tendenz ist aber nach Dennett ein evolutionär bedeutender Ausgangspunkt für das Entstehen von Religion. Seine Identifizierung erscheint in jedem Fall ungesicherter und interpretationsoffener, als Dennett es im Ablauf seiner Argumentation nahe legt.

[205] Ebd., 194.

[206] Ebd., 207.

[207] Ebd.

[208] Vgl. ebd., 208.

[209] Vgl. ebd., 219.

[210] Ebd., 243.

[211] Vgl. ebd., 248–302.

[212] Ebd., 293.

[213] Vgl. dazu die Position des naturalistischen Philosophen Bernulf Kanitscheider: „In keiner und schon gar nicht in einer naturalistischen Ethik kann es Letztbegründungen geben. „Der Kosmos schweigt uns an". Naturphilosoph Bernulf Kanitscheider erläutert im SZ Wissen, warum er auch ohne den Glauben an einen Sinn des Lebens gute Laune hat. Interview mit Christian Weber, in: SZ v. 17.10.2008.

[214] Vgl. Heiko Schulz, Den Bann brechen? Daniel Dennett über Religion, in: ThPh 82 (2007) 252–261; besonders 258 ff.

[215] Helmut Mayer, Du sollst das Mem lieben wie dich selbst!, in: FAZ v. 22.9.2008.

[216] www.brights-deutschland.de

[217] Alle Zitate ebd.

[218] Julian Baggini, Atheism. A Very Short Introduction, 4–7.

[219] Ebd., 33.

[220] Vgl. Lorraine Daston, Wunder, Beweise und Tatsachen. Zur Geschichte der Rationalität, Frankfurt a. M. 2001; Lorraine Daston / Peter Galison, Objektivität, Frankfurt a. M., 2007.

[221] Vgl. Sandra Mitchell, Komplexitäten. Warum wir erst anfangen, die Welt zu verstehen, Frankfurt a. M. 2008, 23.

[222] Dementsprechend kann die Evolution des Lebens als sinnlos bzw. zufällig oder auch als organisierter Prozess beschrieben und gedeutet werden (vgl. Simon Conway Morris, Jenseits des Zufalls. Wir Menschen im einsamen Universum, Berlin 2008; Walter Thirring, Direkter Draht zum Urknall. Weltwoche-Gespräch mit Mathias Plüss, Nr. 25, 2007).

[223] Julian Baggini, Atheism, 65–67.

[224] Vgl. ebd., 66.

[225] Ludger Honnefelder, Was soll ich tun, wer will ich sein? Vernunft und Verantwortung, Gewissen und Schuld, Berlin 2007, 27.

[226] Vgl. zur Kategorisierung der verschiedenen naturalistischen Programme Geert Keil, Naturalismus und Biologie, in: Ludger Honnefelder / Matthias C. Schmidt (Hrsg.), Naturalismus als Paradigma. Wie weit reicht die naturwissenschaftliche Erklärung des Menschen?, Berlin 2007, 14–33; besonders 17–26.

[227] Armin Kreiner, Das wahre Antlitz Gottes – oder was wir meinen, wenn wir Gott sagen, Freiburg u.a. 2006, 304.

[228] Vgl. Ludger Honnefelder, Erste und zweite Natur des Menschen: Woran orientieren wir uns?, in: ders. / Matthias C. Schmidt (Hrsg.), Naturalismus als Paradigma, 34–48. Vgl. ebd., 48: „Ein Begriff der Natur, auf den wir zur Orientierung unseres Handelns im Umgang mit den Möglichkeiten der konstruktiven Biologie zurückgreifen müssen, wird gehaltvoller sein müssen als die den Gegenstand der Biologie bildende Natur".

[229] Vgl. den Debatten-Überblick von Anthony Gottlieb: Atheists with Attidude. Why do they hate Him?, in: The New Yorker v. 21.5.2007. – Für den US-amerikanischen Kontext ist der Protest gegen eine religiös-politische Desäkularisierung der Gesellschaft wesentlich. Vgl. zum aktuellen Büchermarkt: Christopher Hitchens (Hrsg.), The Portable Atheist. Essential Readings for the Nonbeliever, Philadelphia 2007; James A. Haught, Honest Doubt. Essays on Atheism in a Believing Society, New York 2007; Andre Comte-Sponville, The Little Book of Atheist Spirituality, London 2007; Joan Konner (Hrsg.), The Atheist's Bible. An Illustrious Collection of Irrelevant Thoughts, New York 2007; Louise M. Antony, Philosophers without Gods. Meditations on Atheism and the Secular Life, Oxford 2007; Michael Martin, The Cambridge Companion to Atheism, Cambridge 2007; Jack Huberman (Hrsg.), The Quotable Atheist. Ammunition for Nonbelievers, Political

Junkies, Gadflies and Those Generally Hell-Bound, New York 2007; Victor J. Stenger, God. The Failed Hypothesis. How Science Shows That God Does Not Exist, New York 2007; John Allen Paulos, Irreligion. Mathematician Explains Why the Arguments for God Just Don't Add up, New York 2008; Dimitrios Roussopoulos (Hrsg.), Faith in Faithlessness. An Anthology of Atheism, Montreal-London-New York 2008; David Ramsay Steele, Atheism Explained. From Folly to Philosophy, Chicago 2008. – Vgl. zur Konterkritik fundamentalistischer Atheismen: Chris Hedges, I Don't Believe in Atheists, New York 2008; Aufsehen erregte der theistische Positionswechsel des bedeutenden analytischen Religionskritikers Anthony Flew: vgl. Anthony Flew (with Roy Abraham Varghese), There Is a God. How the Worlds Most Notoriuos Atheist Changed His Mind, New York 2007.

[230] Sam Harris, Das Ende des Glaubens. Vgl. ders., Brief an ein christliches Land. Eine Abrechnung mit dem religiösen Fundamentalismus, München 2008.

[231] Vgl. Gerhard Paul, Bilder des Krieges. Krieg der Bilder. Die Visualisierung des modernen Krieges, Paderborn u.a. 2004, 445: „Die Twin-Towers selbst bündelten ambivalente Symbolbedeutungen. Bereits der Bibel galten die Türme von Babylon als Zeichen menschlicher Anmaßung und Verderbnis, während die Geschlechter- und Wehrtürme der mittelalterlichen Stadt territoriale Machtansprüche signalisierten ...

Als Kathedralen der Moderne fungierten sie – dem Eiffelturm ähnlich – zugleich als säkulare Zeichen des technisch-wissenschaftlichen Fortschritts sowie des ungezügelten Glaubens des Anything Goes, jener amerikanischen Variante einer naiven Fortschrittsgläubigkeit." – Vgl. Gregor Maria Hoff, Offenbarungen Gottes? Eine theologische Problemgeschichte, Regensburg 2007, 114–117.

[232] So rezensiert der Observer laut Klappentext.

[233] Vgl. Sam Harris, Das Ende des Glaubens, 234; 157 ff.; 186.

[234] Vgl. ebd., 205. Foucaults umstrittenes Diktum, wonach die Vernunft die Folter sei, gewinnt hier den Charakter dramatischer Ironie.

[235] Ebd., 131.

[236] Ebd., 107 f.

[237] Ebd. 156.

[238] Ebd.

[239] Vgl. das Kapitel „Bewusstseins-Experimente": ebd., 213–231.

[240] Sam Harris, Das Ende des Glaubens, 230 f.

[241] Vgl. ebd., 65.

[242] Vgl. ebd., 33 f.

[243] Vgl. ebd., 12.

[244] Ebd., 17.

[245] Ebd., 9.

[246] Ebd., 65. – Diese Kritik erinnert an Peter Sloterdijks Analysen des „Religionszynismus". Vgl. Gregor Maria Hoff, Religiöser Zynismus? Reflexionen über die Religionskritik Peter Sloterdijks und die Zukunft der Theologie, in: Günter Risse / Heino Sonnemans / Burkhard Theß (Hrsg.), Wege der Theologie: an der Schwelle zum dritten Jahrtausend

(FS H. Waldenfels), Paderborn 1996, 165–176.

[247] Vgl. Sam Harris, Das Ende des Glaubens, 73 f.

[248] Ebd., 237.

[249] Vgl. ebd., 63.

[250] Ebd., 180.

[251] Ebd., 177.

[252] Ebd., 189.

[253] Ebd., 183.

[254] Ebd., 180.

[255] Vgl. ebd.: „Falls es Einsichten gibt, die uns darüber Klarheit verschaffen, wie Menschen einander glücklich oder unglücklich machen können, so gibt es auch ethische Tatsachen."

[256] Vgl. ebd., 174: „Glaube treibt einen Keil zwischen Ethik und Leiden." Ein Satz, der die theologische und religiöse Ausarbeitung der Theodizeefrage ebenso unterschlägt wie er erkenntnistheoretisch zwei inkompatible Ebenen aneinander koppelt.

[257] Christopher Hitchens, Der Herr ist kein Hirte. Wie Religion die Welt vergiftet, München ²2007.

[258] Das psychoanalytische Niveau der titelverwandten Gottesvergiftung von Tilmann Moser (Frankfurt a. M. 1976) erreicht Hitchens zu keiner Zeit, weil seine Polemik nicht den Ernst und den Mut aufbringt, den Gegner analytisch auf Fallhöhe zu bearbeiten. Was es psychoanalytisch umgekehrt bedeutet, wenn nach dem kulturhistorischen Verdikt aller Religionen ein martialischer Aufruf zum Kampf steht, wäre eigene Untersuchungen bezüglich der Aggressionsantriebe mancher der vermeintlich *neuen*

*Atheismen* wert. Vgl. den Schlusssatz des Buches: Hitchens, a.a.O., 338: „Mit den Worten ‚Erkenne dich selbst' wiesen die Griechen sanft auf die tröstende Wirkung der Philosophie hin. Um den Geist dafür frei zu bekommen, müssen wir den Feind erkennen und bereit sein, gegen ihn zu kämpfen."

[259] Ebd., 305 ff.

[260] Ebd., 84.

[261] Ebd., 87.

[262] Ebd., 92.

[263] So der Untertitel von Kapitel 11, 189 ff.

[264] Spuren solcher unausweichlicher Grenzbestimmungen finden sich sowohl bei Harris in seinem Schlusskapitel wie auch – allerdings ex negativo – bei Hitchens, wie im Folgenden zu zeigen sein wird.

[265] Ebd., 123.

[266] Vgl. Thomas Peter Fößel, Gott – Begriff und Geheimnis. Hansjürgen Verweyens Fundamentaltheologie und die ihr inhärente Kritik an der Philosophie und Theologie Karl Rahners (ITS 70), Innsbruck-Wien 2004.

[267] Vgl. Christopher Hitchens, Der Herr ist kein Hirte, 249.

[268] Hitchens zitiert Marx zwar (21, Anm. 2), erreicht aber den kritischen Scharfsinn des Originals nicht, das auf der Basis der Stärken der Religion seine Schwächen bestimmt, während sich der Postkommunist Hitchens vornehmlich auf den – schon metaphorisch unzureichend bestimmten – opiathaften „Placebo-Effekt" bezieht. Die Wechselwirkungen von Religion und aufzuhebender Weltentstellung lassen

freilich beide genauer wahrnehmen und die entsprechenden Ökonomien analytisch scharf machen. Von daher stünden unter den Vorzeichen jener Religionsproduktivität, die gerade den kritischen Weckruf tatsächlich *neuer* Atheismen herausfordern sollten, auch theologisch erneute Marx-Lektüren an.

[269] Vgl. ebd., 25.

[270] Vgl. ebd., 15 et passim.

[271] Vgl. die Überschrift von Kapitel 16, 263.

[272] Friedrich Wilhelm Graf, Der „liebe Gott" als blutrünstiges Ungeheuer. Richard Dawkins und Christopher Hitchens – ein biologistischer Hassprediger und ein liberaler Skeptiker greifen in ihren Büchern die Religion an, in: Magnus Striet (Hrsg.), Wiederkehr des Atheismus. Fluch oder Segen für die Theologie? Freiburg u.a. 2008, 21–28; hier: 27.

[273] Vgl. Christopher Hitchens, Der Herr ist kein Hirte, 185.

[274] Vgl. ebd., 80.

[275] Vgl. Giorgio Agamben, Die Beamten des Himmels. Über Engel, Frankfurt a. M. 2007, 48–52.

[276] Vgl. Klaus Müller, Streit um Gott.

[277] Christopher Hitchens, Der Herr ist kein Hirte, 83.

[278] Ebd., 331.

[279] Ebd., 311.

[280] Vgl. Peter Sloterdijk, Zorn und Zeit. Politisch-psychologischer Versuch, Frankfurt a. M. 2006.

[281] Ders., Gottes Eifer. – Vgl. Alexander Kissler, Sloterdijk der Ägypter. Ein Essay über Toleranz im Verlag der Weltreligionen, in: SZ 289 (2007).

[282] Vgl. Peter Sloterdijk, Gottes Eifer, 205.

[283] Ebd., 212.

[284] Vgl. ebd., 73 f. Das „gegen" bleibt konstitutiv.

[285] Ebd., 18.

[286] Ebd., 20.

[287] Heiner Mühlmann, Die Natur der Kulturen. Entwurf einer kulturgenetischen Theorie, Wien – New York 1996.

[288] Peter Sloterdijk, Gottes Eifer, 23.

[289] Ebd., 24.

[290] Ebd., 25.

[291] Ebd., 24.

[292] Ebd., 25.

[293] Ebd., 26.

[294] Vgl. ebd., 29 f.

[295] Vgl. ebd., 30 f.

[296] Vgl. ebd., 31–35.

[297] Ebd., 33.

[298] Ebd., 33.

[299] Ders., Kritik der zynischen Vernunft, Bd. 2, Frankfurt a. M. 1983, 506–526.

[300] Vgl. die grobflächige Konfliktgeschichte in: ders., Gottes Eifer, 76–117.

[301] Ebd., 42.

[302] Vgl. ebd., 40; 43.

[303] Vgl. ebd., 44.

[304] Ebd., 45.

[305] Ebd.

[306] Vgl. ebd., 48 f.

[307] Ebd., 49.

[308] Ebd., 119.

[309] Ebd.

[310] Ebd.

[311] Ebd., 121.

[312] Ebd.

[313] Vgl. ebd., 123 ff.

[314] Ebd., 132.

[315] Ebd., 140.

[316] Ebd., 140.

[317] Ebd., 147.

[318] Vgl. das Schlussplädoyer ebd., 217 f.

[319] Ebd., 147.

[320] Ulrich Beck, Der eigene Gott. Von der Friedensfähigkeit und dem Gewaltpotential der Religionen, Frankfurt a. M. / Leipzig 2008. – Vgl. ders., Gott ist gefährlich, in: DIE ZEIT v. 19.12.2007 (Nr. 52).

[321] Ders., Der eigene Gott, 238.

[322] Ebd., 42.

[323] Ebd., 70.

[324] Ebd., 46.

[325] Ebd., 51.

[326] Ebd., 60.

[327] Ebd., 66.

[328] Ebd., 66.

[329] Norbert Hoerster, Die Frage nach Gott, München 2005.

[330] Burkhard Müller, Das Konzept Gott – warum wir es nicht brauchen, in: Merkur 61 (2007) 93–102. Der Text dokumentiert Müllers Vortrag auf dem Salzburger Symposion vom November 2006 zum Thema „Die neuen Atheismen. Eine notwendige Konfrontation in religiös veränderter Zeit". – Vgl. ders., Wie antwortet der Atheismus auf existentielle Fragen?, in: Zur Debatte 38 (2008) Hft. 5, 24–26.

[331] Vgl. Hans Kessler, „Das Konzept Gott – warum wir es nicht brauchen" (Burkhard Müller)? Auseinandersetzung mit einem respektablen Atheismus, in: George Augustin / Klaus Krämer (Hrsg.), Gott denken und bezeugen (FS Walter Kardinal Kasper), Freiburg u.a. 2008, 512–541.

[332] Thomas Schärtl, Gentleman-Atheismus. Umrisse zeitgenössischer philosophischer Religionskritik, in: rhs 49 (2006) 71–82.

[333] Thomas Schärtl hat sie (a.a.O.) mit Blick auf die anglo-amerikanischen Debatten im Horizont analytischer Rationalität aufgearbeitet und am Beispiel des Philosophen Kai Nielsen kritisch diskutiert.

[334] So der Untertitel einer Analyse von Bernward Gesang, Angeklagt: Gott, Tübingen 1997.

[335] Mit dem Inhaltsverzeichnis von Norbert Hoerster, Die Frage nach Gott, 5.

[336] Eine luzide Kritik analytischer Frageformulare liefert Thomas Schärtl (Gentleman-Atheismus, 78 f.).

[337] Peter Strasser argumentiert in seiner Religionsphilosophie mit dem beunruhigenden Gedanken, was vor dem Urknall war. Wenn es jenseits von Zeit und Raum spielt, weil sie erst mit dem Urknall entstanden, bildet sich in Gedanken ein „Hyperuniversum" (Peter Strasser, Theorie der Erlösung. Eine Einführung in die Religionsphilosophie, München 2006, 20) heraus. Es tritt als ein Undenkbares im Modus des Denkbaren, des vielleicht unausweichlich zu Erfragenden auf und vertritt etwas menschlich Unausweichliches. Auf diese Weise ist der Mensch religiös, allerdings jenseits des personalen Zugangs zum Transzendenten.

[338] Vgl. in diesem Zusammenhang den Hinweis von Philip Roth („Ich bin nicht Zuckerman". Philip Roth im Interview, in: Frankfurter Rundschau v. 2.2.2008): „Die Auslö-

schung! Glauben Sie nicht, dass jede Religion auf der Angst vor eben dieser Auslöschung gründet?" Das Christentum konfrontiert mit einem radikaleren Gedanken: dem Gericht über das eigene Leben, der Wahrheit der eigenen Existenz. Die Hitler der Geschichte wären mit der Auslöschung zufrieden, sie haben sie gesucht. Sie haben sich ihre eigene Religion geschaffen, die des radikalisierten eigenen Willens zur Selbstbemächtigung. Stattdessen mutet das Christentum eine Selbstrelativierung zu. Die Erfahrung des Christentums hängt an einer geschichtlichen Konfrontation – gerade am Durchbrechen von Erfahrungsplausibilitäten. Der auferweckte Gekreuzigte stellt die gegebenen Gewissheiten auf den Kopf, die sich in der menschlich hergestellten Hoffnung absetzen müssten: Man sucht nicht das Unmögliche, das zugleich das Wahnsinnige ist, das Lächerliche. Die Logik der Selbstbestätigung wird konterkariert!

[339] Burkhard Müller, Das Konzept Gott, 96.

[340] Ludger Schwienhorst-Schönberger, Das Buch Ijob, in: Erich Zenger u.a., Einleitung in das Alte Testament (Studienbücher Theologie. Bd. 1,1), Stuttgart u.a. 1995, 230–242; hier: 238. Hier wie auch im Weiteren folge ich dieser Interpretation, auch wenn nicht in jedem Detail auf sie verwiesen wird.

[341] Ebd., 241.

[342] Vgl. Marlis Gielen, Die Passionserzählung in den vier Evangelien. Literarische Gestaltung – theologische Schwerpunkte, Stuttgart 2008, 214–226.

[343] Vgl. ebd., 214 f.

[344] Vgl. Thomas Peter Fößel, Das Vergessen als Thema der Theologie oder Gottes vergessene Wirklichkeit, in: ders., / Gregor Maria Hoff (Hrsg.), Die vergessenen Fragen. Theologische Erinnerungsmuster, Münster 2007, 95–117.

[345] Gott greift auch nicht in die Passion Jesu ein, um den Tätern ihre Mordwerkzeuge aus den Händen zu nehmen. Stattdessen bewahrheitet er das umfassende Vertrauen Jesu in den Vater – es läuft nicht in die Leere des absoluten Todes aus. Damit handelt es sich nicht um eine bloß nachträgliche Bestätigung, einen zu späten Eingriff in die Geschichte, sondern die Hoffnung Jesu ist bereits der geschichtliche Modus seines Glaubens an die Liebe Gottes, die unsere Wirklichkeit auf die Wirklichkeit Gottes hin transparent macht, und diese Hoffnung offenbart sich in der Auferweckung des Sohnes als eine Hoffnung, die ihren Ort im Menschen selbst haben kann, weil sich Gott im Menschen festmacht.

[346] Vgl. Gregor Maria Hoff, „Gott vermummt". Tegel *oder* die Entdeckung der machtvollen Ohnmacht Gottes, in: Josef Außermair / Gregor Maria Hoff (Hrsg.), Dietrich Bonhoeffer – Orte seines theologischen Denkens, Paderborn u.a. 2008.

[347] Dietrich Bonhoeffer, Brief vom 5.12.43 an Eberhard Bethge, in: Dietrich Bonhoeffer Werke, hrsg. v. Eberhard Bethge u.a. Bd. 8: Widerstand und Ergebung. Briefe und

Aufzeichnungen aus der Haft, hrsg. v. Christian Gremmels, Eberhard und Renate Bethge, Gütersloh 1998, 225–229; hier: 226.

[348] Vgl. die fortlaufenden Paulus-Bezüge in Slavoj Žižek, Die Puppe und der Zwerg. Das Christentum zwischen Perversion und Subversion, Frankfurt a. M. 2003, exemplarisch in der Einleitung, 7–13; Alain Badiou, Paulus. Die Begründung des Universalismus, München 2002.

[349] Herbert Schnädelbach, Der fromme Atheist, in: Neue Rundschau 118 (2007) 112–119; hier 112 f.

[350] Ebd., 114.

[351] Ebd.

[352] Zitiert nach: George Steiner, Warum Denken traurig macht. Zehn (mögliche) Gründe, Frankfurt a. M. 2006, 5.

[353] Zitiert nach: Durs Grünbein, Vergeblichkeit denken, in: George Steiner, Warum Denken traurig macht, 79–90; hier: 89.

[354] Ebd., 88.

[355] George Steiner, Warum Denken traurig macht, 72.

[356] Ebd., 77.

[357] Ebd., 75.

[358] Durs Grünbein, Vergeblichkeit denken, 89.

[359] George Steiner, Warum Denken traurig macht, 71.

[360] Vgl. Slavoj Žižek, Die gnadenlose Liebe, Frankfurt a. M. 2001; vgl. dazu Bettina Engels, Heller Wahnsinn dunkelt nach. Mit Lacan und dem lieben Gott: Der Cineast Slavoj Žižek tanzt im Spiegelkabinett der Liebe, in: FAZ v. 9.2.2002.

[361] Albert Kuhn, Interview mit einem schnellen Brüter, in: Weltwoche 45/5; www.weltwoche.ch

[362] Slavoj Žižek, Auf dem Weg zu einer materialistischen Theologie, in: Neue Rundschau 118 (2007) 97–111; hier: 105.

[363] Ders., Die Puppe und der Zwerg, 26.

[364] Ebd., 26 f.

[365] Ebd., 131.

[366] Ebd., 118.

[367] Gilbert Keith Chesterton, Einführung in das Buch Hiob, auf Englisch unter www.chesterton.org/gkc/theologian/job.htm, zitiert nach: Slavoj Žižek, Auf dem Weg zu einer materialistischen Theologie, 101 f.

[368] Slavoj Žižek, Auf dem Weg zu einer materialistischen Theologie, 102 f.

[369] Ebd., 103.

[370] Ders., Die Puppe und der Zwerg, 189.

[371] 2001 verfilmt: Der Mann, der Gott verklagte.

[372] Vgl. Slavoj Žižek, 112.

[373] Giorgio Agamben, Profanierungen, Frankfurt a. M. 2005, 47 f.

[374] Vgl. ebd. das Kapitel „Zauberei und Glück", 47–50.

[375] Vgl. ders., Homo sacer. Die souveräne Macht und das nackte Leben, Frankfurt a. M. 2002.

[376] Vgl. ders., Was von Auschwitz bleibt. Das Archiv und der Zeuge (Homo sacer III), Frankfurt a. M. 2003.

[377] Vgl. Wolfgang Sofsky, Verteidigung des Privaten. Eine Streitschrift, München 2007.

[378] Vgl. Giorgio Agamben, Ausnahmezustand (Homo sacer II.1), Frankfurt a. M. 2004. – Die Logik

der verwalteten Welt offenbart sich am deutlichsten, wo der Mensch zum mathematischen Produkt wird: je nach Rechenart entstehen Überlebende oder Tote. – Vgl. Gregor Maria Hoff, Der andere Krieg. Die leisen Abschiede des Menschlichen, in: Rheinische Post vom 25.2.2003 (Nr. 47).

[379] Giorgio Agamben, Die Zeit, die bleibt. Ein Kommentar zum Römerbrief, Frankfurt a. M. 2006, 51.

[380] Vgl., ebd., 153–162.

[381] Ebd., 50.

[382] Ebd., 50 f.

[383] Ebd., 51.

[384] Vgl. Gregor Maria Hoff, Die Inversion der Geschichte. Geschichtstheologie heute?, in: ThG 47 (2004) 255–265.

[385] Vgl. Giorgio Agamben, Die Zeit, die bleibt, 25.

[386] Ebd., 33 f.

[387] Ebd., 135.

[388] Ebd., 143.

[389] Vgl. ebd., 111.

[390] Vgl. ebd., 88; 96.

[391] Ebd., 88 f.

[392] Ebd., 62.

[393] Agamben weist darauf hin, dass *nomos* – als griechische Übersetzung der *Thora* – von *nemein*, also *teilen, zuteilen* stammt: ebd., 59.

[394] Ebd., 63.

[395] Ebd., 65.

[396] Dominik Finkelde hat darauf hingewiesen, dass Auferstehung für Agambens Paulus-Interpretation keine Rolle spielt: ders., Politische Eschatologie nach Paulus. Badiou – Agamben – Žižek – Santner, Wien 2007, 41–73.

[397] Das Sakrament der Beichte markiert diese eschatologische Qualität bereits für die Gegenwart dessen, der sich dieser Selbstkonfrontation im Spiegel der Gerechtigkeit Gottes und seiner Liebe aussetzt.

[398] Alain Badiou, Gott ist tot. Kurze Abhandlung über die Ontologie des Übergangs, Wien ²2007 (orig. 1998), 21.

[399] Ebd., 18.

[400] Mit einer luziden Formulierung von Joachim Valentin im Anschluss an Jacques Derridas Denken. Vgl. Joachim Valentin, Atheismus in der Spur Gottes. Theologie nach Jacques Derrida. Mit einem Vorwort von Hansjürgen Verweyen, Mainz 1997.

[401] Darin liegt die unverzichtbare kritische Einsicht Karl Barths und seiner emphatischen Betonung des Ereignisses als Grund christlicher Theologie: vgl. ders., Kirchliche Dogmatik. Bd. I/2: Die Lehre vom Wort Gottes. Prolegomena zur Kirchlichen Dogmatik, Zollikon-Zürich ⁴1948, wo sich die Rede vom Ereignis als durchgängiges Motiv und erkenntnistheoretisch entscheidendes Prinzip allenthalben findet.

[402] Johannes XXIII., Ansprache anlässlich der feierlichen Eröffnung des Zweiten Vatikanischen Konzils am 11. Oktober 1962, in: Peter Hünermann / Bernd Jochen Hilberath (Hrsg.), Herders Theologischer Kommentar zum Zweiten Vatikanischen Konzil. Bd. 5: Die Dokumente des Zweiten Vatikanischen Konzils: Theologische Zusammenschau und Perspektiven, Freiburg u.a. 2006, 482–489; hier: 487.

[403] Ebd., 483.

[404] Peter Hünermann und Kommentatoren, Schlusswort: Eine „kalligraphische Skizze" des Konzils, in: ders. / Bernd Jochen Hilberath (Hrsg.), Herders Theologischer Kommentar zum Zweiten Vatikanischen Konzil. Bd. 5, 447–469; hier: 463; vgl. Josef Wohlmuth (Hrsg.), Dekrete der ökumenischen Konzilien, besorgt von Giuseppe Alberigo u.a., Bd. III, Paderborn u.a. 2002, 802.

[405] Johannes XXIII., Ansprache, 487.

[406] Ebd., 488.

[407] Vgl. Hans-Joachim Sander, Theologischer Kommentar zur Pastoralkonstitution über die Kirche in der Welt von heute *Gaudium et spes*, in: HThK Vat II 4, 581–886; hier: 676.

[408] Natürlich ist das erkenntnistheoretisch und theologisch zu problematisieren. Von Interesse ist aber das Fakt als solches, die so vertretene Position. Sie markiert im gegebenen Ensemble (vgl. die Ausführungen zu Žižek, Agamben und Badiou) etwas Neues – auch gegenüber Nietzsche, dessen polemischer Zug eine andere Qualität der Auseinandersetzung, nicht zuletzt eine Logik der Überbietung impliziert.

[409] Hans-Joachim Sander, Scheitern können. Ein Zeichen für die Qualität des Dialogs auf dem Konzil, in: Peter Hünermann / Bernd Jochen Hilberath (Hrsg.), Herders Theologischer Kommentar zum Zweiten Vatikanischen Konzil. Bd. 5, 349–356; hier: 352.

[410] Kunst muß kaputtgehen wollen. Ein Gespräch mit dem Künstler Gustav Metzger über Wirkung und Zerstörung, in: FAZ 10.11.06 (Nr. 262), 44.

[411] Darüber hinaus bleibt ein religiöses Weltverständnis auch im Horizont naturwissenschaftlicher Erklärungen zumindest im Zuge bleibender Fragen offen. Ludger Honnefelder (Phänomen „Neuer Atheismus", in: Zur Debatte 38 (2008) Hft. 5, 21f.) hält dazu fest: „Warum kommt es überhaupt zu einem Anfang in Form des Urknalls oder warum ist etwas und vielmehr nicht nichts? Warum ist die Wirklichkeit in so hohem Maß rational erklärbar? Warum führen die Randbedingungen und die darwinschen Gesetze der Evolution zu einer Konvergenz der Entwicklung hin auf intelligente Wesen? Alle diese Fragen beziehen sich auf den *Grund* der von den Naturwissenschaften erudierten *Ursachen*. Sie sind mit Hilfe der Naturwissenschaften weder zu beantworten noch eliminierbar, verlangen aber vom Sinn suchenden Menschen eine vernünftige Antwort."

[412] Exemplarisch zeigt dies die rationale Aussichtslosigkeit von ethischen Letztbegründungsversuchen an. – Vgl. Gregor Maria Hoff, Aporetische Theologie. Skizze eines Stils fundamentaler Theologie, Paderborn u.a. 1997.

[413] Vgl. Karl Rahner, Hörer des Wortes.

[414] Vgl. die interpretationistischen Ansätze von Günter Abel (Interpretationswelten. Gegenwartsphilosophie jenseits von Essentialismus und Relativismus, Frankfurt a. M. 1995) und Hans Lenk (Interpretationskonstrukte. Zur Kritik der interpretationistischen Vernunft, Frankfurt a.M. 1993).

[415] Norbert Hörster sieht in dieser theologischen Bestimmung eine erkenntnistheoretische Ausflucht (vgl. Norbert Hörster, Die Frage nach Gott, München 2005, 116–121). Zumal die Verbindung von paradoxalen Prädikationen diene der Selbstimmunisierung vor jedem möglichen kritischen Einwand. Dabei ist zu unterscheiden, ob man Gott selbst als nicht begründungspflichtig, weil -fähig bestimmt oder die Aussage, dass man an die Existenz Gottes glaube. In diesem Zusammenhang muss die theologische Reflexion die philosophische Gottesfrage bearbeiten, aber zugleich in Rechnung stellen, dass sich die je größere Wirklichkeit Gottes nicht als bloße Hypothese beanspruchen lässt. Der rationale Aufweis, dass es – apologetisch – keinen zwingenden Einwand gegen den Glauben an die Existenz Gottes gibt und es zugleich rational vertretbar ist, die Frage nach Gott so offen zu halten, dass sie zugleich mit der Existenz des Menschen – konstitutiv – verbunden bleibt, erlaubt es, die theologische Bestimmung der Wirklichkeit Gottes als Selbstoffenbarung, exemplarisch in Schrift und Tradition, zu entfalten und zu evaluieren. Dann aber handelt es sich, christlich gesehen, nicht um einen letzten Akt verzweifelter Suspendierung des Denkens, wenn der Glaube an den zugleich offenbaren wie verborgenen, weil in seiner Offenbarung im Menschen transzendenten Gott als die alles tragende Grammatik unserer Wirkichkeitsauffassungen einzusetzen. Dementsprechend bestimmt das Konzil von Chalkedon (451) die göttliche und menschliche Wirklichkeit Jesu Christi in einer bleibenden Spannung, die zugleich positiv, nämlich als solche artikuliert werden kann und muss, genau so aber – in der Sprachform negativer Theologie – eine Sprachform für das Sagen des Unsagbaren: für das Geheimnis Gottes schafft. Dass dies nicht irrational ist, markieren die religionsphilosophischen Überlegungen zur unabschaffbaren Grenze unseres Denkens und unserer Existenz, die sich an letzten Fragen festmacht.

[416] Meister Eckehart, Deutsche Predigten und Traktate. Hrsg. u. übers. v. Josef Quint, Zürich 1979, 353 (Predigt 42).

[417] Vgl. Aristoteles, Met. Γ 1 (1003a 21–22).

[418] Emerich Coreth, Metaphysik. Eine methodisch – systematische Grundlegung, Innsbruck u.a. ³1980, 46.

[419] Armin Kreiner, Philosophische Kritik der Religion, in: Stephan Grätzel / ders., Religionsphilosophie. Lehrbuch Philosophie, Stuttgart-Weimar 1999, 117–162; hier: 118.

[420] Klaus Müller, Gott erkennen. Das Abenteuer der Gottesbeweise, Regensburg 2001, 26.

[421] Vgl. Burkhard Müller, Schlußstrich. Kritik des Christentums, Kampen 1995, 99.

[422] Ebd., 98.

[423] Darin liegt der berechtigte Hinweis von Robert Spaemann (Ders. / Ralf Schönberger, Der letzte Gottesbeweis, München 2007). Einen veritablen Gottesbeweis wird man aus

der Strukturanalyse des *Futurum exactum* nicht gewinnen müssen.
– Anders Bernulf Kanitschneider: Entzauberte Welt. Über den Sinn des Lebens in uns selbst. Eine Streitschrift, Stuttgart 2008.

[424] Vgl. die Enzyklika Spe salvi Benedikts XVI.

[425] Ludger Honnefelder, Was soll ich tun, wer will ich sein?, 31 f.

[426] Vgl. Linus Hauser, Kritik der neomythischen Vernunft. Bd. I: Menschen als Götter der Erde (1800–1945), Paderborn u.a. 2004; Bd. 2: Neomythen der beruhigten Endlichkeit. Die Zeit ab 1945, Paderborn u.a. 2008.

[427] Ernst Tugendhat arbeitet diese Aporetik im anthropologischen Bedürfnis nach einem letzten Grund der Wirklichkeit aus, der sich im Gottesglauben ausdrückt (vgl. Ernst Tugendhat, Über Religion, in: ders., Anthropologie statt Metaphysik, München 2007, 191–204). Er hält es für gegeben, aber zugleich unauflösbar, weil sich dieser Glaube als verselbständigter Wunsch um seine Glaubwürdigkeit bringt. Was bleibt, ist eine Mystik nach dem Gottesverlust, in der der Mensch hinter sich selbst zurücktritt, sich und seine Wünsche im Horizont der Welt relativiert, um die eigene Egozentrizität zu überwinden und sich insofern von den eigenen Ängsten lösen zu können (vgl. Ernst Tugendhat, Egozentrizität und Mystik. Eine anthropologische Studie, München 2003, 108; 111–149). Damit wird die existenzielle Aporetik festgeschrieben. Ob sie erlöst werden kann, lässt sich nicht auf der Basis der Strukturen unserer Wünsche entscheiden, sondern nur angesichts eines geschichtlichen Ereignisses, das jedem Wunsch zuvorkommt. Für Tugendhat kommt dies *apriori* nicht in Frage. Die vorausgesetzte Plausibilität des Projektionsgedankens kann sich von daher nur selbst bestätigen.

[428] Burkhard Müller, Das Konzept Gott, 93.

[429] Jean-Paul Sartre, Bariona oder Der Sohn des Donners / Die Fliegen, Reinbek bei Hamburg 1991. – Als Chef seines Dorfes wird Bariona mit einem neuen, unerträglichen Steuerbefehl der Römer konfrontiert. An diesem Punkt entscheidet er sich für den Widerstand. Er setzt auf das freie, aber zugleich in dieser entfremdeten Welt unmögliche Subjekt. Weil es frei ist und zugleich aus der Unfreiheit der römischen Fremdherrschaft nicht herausfindet, macht Bariona den Vorschlag, fortan auf das Zeugen weiterer Kinder, die doch nur Sklaven sein werden, zu verzichten. Dieser Entschluss ist so aporetisch wie sein Aufstand gegen die Soldaten des Herodes, die den angekündigten Messias umbringen wollen.

# Personenregister

Vom selben Autor erschienen bei
**topos** taschenbücher

Gregor Maria Hoff
# Religionskritik heute

160 Seiten

Band 523
ISBN: 978-3-7867-8523-1

www.toposplus.de

Hans Hermann Henrix

# Judentum und Christentum

*Gemeinschaft wider Willen*

240 Seiten

Band 525
ISBN: 978-3-8367-0525-7

www.toposplus.de